青年教师
工作手册

唐 挈 ◎ 主编

北京师范大学出版集团
BEIJING NORMAL UNIVERSITY PUBLISHING GROUP
北京师范大学出版社

图书在版编目(CIP)数据

青年教师工作手册/唐挈主编 . —北京:北京师范大学
出版社,2023.8(2025.10 重印)
ISBN 978-7-303-29291-2

Ⅰ.①青⋯ Ⅱ.①唐⋯ Ⅲ.①青年教师—教育工作—
手册 Ⅳ.①G451-62

中国国家版本馆 CIP 数据核字(2023)第 128506 号

出版发行:北京师范大学出版社 www.bnupg.com
　　　　　北京市西城区新街口外大街 12-3 号
　　　　　邮政编码:100088
印　　刷:北京盛通印刷股份有限公司
经　　销:全国新华书店
开　　本:710 mm×1000 mm　1/16
印　　张:13.75
字　　数:171 千字
版　　次:2023 年 8 月第 1 版
印　　次:2025 年 10 月第 2 次印刷
定　　价:50.00 元

策划编辑:林　群　　　　　　责任编辑:林　群　张　茜
美术编辑:王　蕊　胡美慧　　装帧设计:楠竹文化
责任校对:陈　民　　　　　　责任印制:孙文凯

编委会名单

主　编：唐　挈

副主编：耿晓东

编　委：（按姓氏笔画排序）

王竹红　王　竑　王艳香　王雪涛　史广福

包　粟　刘　怡　刘嘉扬　李宗录　李　萌

李　敏　杨学兰　何　静　张新蕾　张　蝶

陈彩霞　苗霁阳　赵子龙　唐晓春　葛小峰

韩晓晗　曾亚梅　楼武林　黎　周

序

愿作二月风，送君上青云

写这篇序的日子比较特殊，正好是 5 月 4 日，青年节！而这本小册子也是专门为青年教师而编的。

谁都经历过年轻的时候，无论怎样的青葱岁月，"春风得意"也好，"鼻青脸肿"也罢，都是一种经历、一种财富。因为年轻，有的是体验的时间。但是，如果年轻的时候，能有人指点迷津，进而登堂入室，那也必定是一件幸事、一件乐事。因为年轻，有的是学习的机会。

还记得我刚上班没多久，为了在课上演示温度对金属电阻率的影响，自己前后折腾了一个多月，更换了五六种金属材料，效果都不理想。偶然一次，在跟老教师们交流时说起这件事，一位老教师说，"回去找一根不能使用的日光灯灯管，将两端的钨丝敲下来，就能很好地演示温度对金属电阻率的影响。"我回到学校照此办理，问题迎刃而解。老教师的一句话，解决了我一个多月没有解决的问题，那一刻我知道，我是"站在了巨人的肩膀上"！

很多青年教师在刚入职时也像我一样存在困惑。一方面，有面对具体工作的一筹莫展，例如：在教学方面，不知该如何备课，不知该如何调动学生的学习兴趣和积极性，不知该如何板书示范等；在教育方面，不知如何当好班主任，不知如何对学生进行心理辅导，不知如何开好家长会等。另一方面，也有面对职业发展的举步维艰，如不知如何进行课程研究与开发，不知如何开展教育科研，不知如何将心理学知识应用于教育实践等。

为解决青年教师的这些困惑，我们编写了这本小册子。

这本小册子是青年教师开展工作的"脚手架"。结合教师工作实践，我们遴选出 31 个问题，涵盖了青年教师的基本工作内容。在对这些问题进行回答时，既讲道理，也讲方法，更呈现案例。参与回答问题的教师，都是在教育教学实践中对某一方面工作有着丰富积累和独到见解的先行者，这些经验是先行者的汗水，是先行者的智慧，更是先行者的生命！这本小册子，如同飞行员驾驶飞机时的飞行手册，教师在工作过程中可以随时查阅，既可以避免新入职的"两眼一抹黑"，也可以缓解面对新工作的"束手无策"，因为直接经验的学习和模仿是新手教师成长的一条有效途径。让这些经验成为青年教师开展工作的"脚手架"，既是对过往生命岁月的致敬，也是对新的职业生涯的呵护。

这本小册子是青年教师专业成长的"铺路石"。我于入职之初，曾有幸在每个学期聆听上百节全区知名教师的课，老教师们的教学经验和教育智慧对职业生涯刚刚起步的我是一种居高的引领。但同时我也发现，不同的教师在面对同一节课时有不同的处理方式（即同课异构），而且效果都很好。于是我想，是否也能有一种适合自己的教学模式？这一刻我意识到，老教师们的经验成了我专业成长的"铺路石"。因此，这本小册子可以是工作的"脚手架"，但我更希望它成为青年教师专业成长的"铺路石"，既给青年教师提供工作参照，也给青年教师带来职业思考；既为青年教师解决现实需要，也为青年教师注入发展动力。我们是教师，我们是在用生命培育生命，正如帕克在《教学勇气》中说："我们教授的学科是像生命一样广泛和复杂的……我们教授的学生远比生命更广泛和复杂。""教无定法"，教师需要不断创新；"教学有常"，教师需要把握规律。无论是对规律的探求，还是对实践的创新，都是永无止境的。俗话说，没有最好，只有更好。希望青年教师不要囿于这本小册子的经验，而是让这些经验成为自己通往"诗和远方"的"铺路石"。

《诗经·墉风·君子偕老》中有言"委委佗佗，如山如河"，说的是一个人的举止雍容自得，像山一样庄重，像河一样深沉。教师以育人为本职，不仅需要"学而不厌，诲人不倦"的精神，更需要"委委佗佗，如山如河"的从容。

与教育战线的新朋友们共勉。

唐 挈
2023 年 5 月 4 日

目 录
CONTENTS

专业能力篇

今北洪力篇

问题 1　如何理解课堂教学？

于漪老师说，课堂教学是学生和教师人生中一段重要的生命经历，是他们生命的有意义的构成部分。对于学生而言，课堂教学是其学校生活的最基本构成部分，课堂教学的质量，直接影响学生当前及今后的多方面发展和成长；对于教师而言，每一堂课都是教师生命活动的一部分。

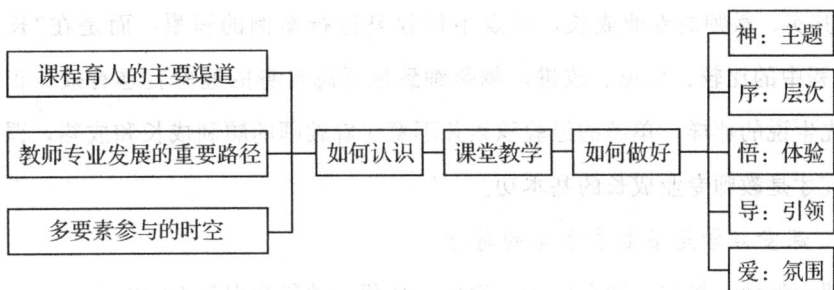

```
课程育人的主要渠道 ┐                              ┌ 神：主题
                   │                              │
教师专业发展的重要路径 ├ 如何认识 ─ 课堂教学 ─ 如何做好 ├ 序：层次
                   │                              │ 悟：体验
多要素参与的时空   ┘                              │ 导：引领
                                                  └ 爱：氛围
```

一、如何认识课堂教学

1. 课堂教学是实施和落实课程育人的主要渠道

义务教育和普通高中课程方案都强化了课程育人的导向，将党的教育方针具体化细化为核心素养。各学科充分挖掘课程教学对全面贯彻党的教育方针、落实立德树人根本任务、发展素质教育的独特育人价值，基于学科本质凝练了本学科要培养的核心素养，明确了学生学习该学科课程后应达成的正确价值观、必备品格和关键能力。课堂教学是落实课程育人的主要渠道，要培养学生学习能力，促进学生系统掌握各学科基础知识、基本技能、基本方法，培养适应终身发展和社会发展需要的正确价值观、必备品格和关键能力。《义务教育课程方案（2022 年版）》也提出，要"在坚定理想信念、厚植爱国主义情怀、加强品德修养、增长知识见识、培养奋斗精神、增强综合素质上下功夫，使学生有理想、有本领、有担当，培养德智体美劳全面发展的社会主义建设者和接班人。"

2. 对课堂教学的研究是教师专业发展的重要路径

教师的教育观直接决定着教师的教育教学策略和行为。教育观一般包括学生观、课程观、教师观和课堂教学观，课堂教学观是一位教师的学生观、课程观、教师观在课堂这一特定场域的集中体现。课堂教学实践是教师形成正确教育观的重要路径。教师只有将形成正确教育观的目标与课堂教学的实践结合起来，才能有效促进自我的专业发展。一位特级教师说："我自己对教学的悟性就是从一个个课例的长期积累开始的，不做一个个课例的积累，就永远不具备真正的教学经验。"其实，教师的专业成长，重点不仅仅是进行案例的积累，而是在"长期积累"过程中的比较、反思、改进，越是细致地反思自身的经验就越有效，正如钟启泉先生说的那样，单纯的经验积累并不意味着教师的顺利成长和成熟，课堂教学研究才是教师专业成长的基本功。

3. 课堂教学是多要素参与的时空

课堂教学一般包括四个要素：学生、教师、学科知识和教学方法。

学生是课堂教学的主体。一方面，课堂教学的目标是促进学生发展，教为学服务；另一方面，学习是自我劳动过程，学生只有参与课堂教学，才可能实现在课堂上的真正发展。学生的主体作用主要体现在三个方面：一是自主性。即每一个学生都具有有效管理自己的学习和生活的能力，能认识和发现自我价值，发掘自身潜力，树立正确人生方向，这是课堂教学重要的目的之一。二是差异性。差异性既是客观状态，即每个学生的智力因素和非智力因素都会不一样，也是培养目的，即促进学生个性化发展是成就每一个学生的重要体现。三是全面性。即人的发展不是单方面的发展或者某几个方面的发展，而是德、智、体、美、劳等诸方面的协同发展；人的发展不仅包括个体能力的发展，还包括社会参与能力的发展。

教师是课堂教学的主导。一方面，课堂教学的整体规划由教师来设计，包括教学目标、教学内容、教学方式等的预设；另一方面，学生参与课堂的热情需要教师来维持和调节，包括对学习实践、合作交流等的引领和指导。教师的主导作用主要体现在三个方面：一是预见性。教师在进行课堂教学设计时一定是基于学生学业和认知基础的。课堂教学中学生的"最近发展区"在哪儿？如何设计教学过程才能促使学科知识的发展逻辑与学生思维的发展逻辑相契合？这些都体现了教师的预见性。教师的预见性可以通过自身经验的积累来实现，也可以通过课前诊断来实现。二是交互性。师生之间的沟通交流是维持学生参与课堂教学非常重要的策略，教师在课堂上通过提问、回答、倾听、评价等交互活动，主导教学活动发展的方向和进程，提高学生参与课堂的兴趣，吸引学生参与课堂的注意力。三是引领性。课堂教学中，教师不仅要引领学生养成科学的学习习惯，还要引领学生认识自我、完善自我、突破自我，更要引领学生做"有理想、有本领、有担当"的时代新人。

学科知识是课堂教学的载体。课程是教育思想、教育目标和教育内容的主要载体，集中体现国家意志和社会主义核心价值观，各学科课程共同承载着培养学生正确价值观、必备品格和关键能力的育人功能。学科知识既具有工具性特点，可以用来解决问题，也具有教育性特点，可以用来培育新人。在挖掘课堂教学中学科知识的价值时，一般要考虑三个方面：一是思想性，即落实社会主义核心价值观的基本内容和要求，有机融入中华优秀传统文化、革命文化、社会主义先进文化、法治意识、国家安全、民族团结和生态文明等教育内容，体现中国特色；二是关联性，突出学科知识的情境性，充分反映社会进步、科技发展和学科前沿，紧密联系学生现实生活、经验认识，关注学科间的联系，强调知识的迁移与应用，引导学生学思结合、知行合一；三是方法性，要凸显学科本质，反映学科思想方法，引导学生从学科整体的体系和结构上认识学科知识。

教学方法是课堂教学的纽带。教师是通过一定的教学方式将学生发展和知识传授相结合的，课程育人是通过一定的教学方法来实现的。教学方法通常包括以语言形式获得间接经验的方法，以探究形式获得直接经验的方法，以实际训练形式形成技能、技巧的方法。教学方法的选择一般要体现三个原则：一是适切性原则，即教学方法既要适合学科特点，也要适合学生的认知规律。只重视前者不重视后者，不利于激发和维持学生的学习兴趣；只重视后者不重视前者，不利于最大限度发挥课程育人的效能。二是体验性原则，即教学方法要促进学生参与教学活动，实现"做中学""用中学""创中学"，在体验中生成，在实践中提升。三是引领性原则，即教学方法要引领学生发展，通过教学方法的示范和体验，促使学生在学习知识的过程中学会学习、学会交流、学会反思。

二、如何上好一节课

1. 课要做到有"神"

课堂教学要确定鲜明的主题。课堂教学中的主题，是统领课堂教学活动的"神"，无论课堂教学中师生活动多么丰富多彩，始终应该做到"形散而神不散"。教学主题是"纲"，教学活动是"目"，纲举目张，围绕课堂主题开展的教学活动才是有价值的教学活动。课堂教学要坚持"素养立意"，一节课的主题就是其培养目标，一般包括学科目标(学科基础知识、基本技能、基本方法)和育人目标(正确价值观、必备品格和关键能力)。备课时要结合学科教学和学生特点确定适切的学科目标和育人目标。

2. 课要做到有"序"

课堂教学要设计清晰的层次。课堂教学中一般有两条主线，一条是学科知识发展的逻辑线，另一条是学生思维发展的逻辑线。传统的课堂教学，一般都以学科知识发展的逻辑线为明线；素养导向的课堂教学，应该更加重视学生思维发展的逻辑线。根据维果茨基的"最近发展区"理论，课堂教学应该在学生的最近发展区中设计逻辑清晰、层层推进的教学环节和课堂活动，引导学生在经历"学、习、行、思"的全过程中学会学习。学，即感受与理解，是在教师的引领下感受新知识并建立对新知识的理解；习，即模仿与体验，是以"学"的过程为范例，在体验新知识的初步应用过程中实现知识的内化生成；行，即探究与实践，是在真实情境中应用新知识去解决相关问题，在新知识的高级应用中提升对新知识的应用能力；思，即迁移与反思，是在不同情境甚至不同领域中应用新知识解决问题，在迁移中实现新知识在自身知识结构中的同化，在反思中实现自身知识结构在新情境、新领域中的顺应。

3. 课要做到有"悟"

课堂教学要促进成功的体验。成功的体验对于不同水平、不同层次的学生发展良好的自我意识，养成乐观向上的个性是非常重要的。成功的体验，不仅能为学生积极主动的行为提供较强的动机，而且能促进学生形成良好的态度和习惯、稳定的情绪和情感、崇高的理想和信念，养成他们健康而全面的人格。"做一个成功的学习者"，是每个学生的共同愿望。课堂教学要根据教学目标需要，采取体验式、探究式、合作式等教学方式，创设学生参与教学的条件，促进学生在行为、方法、情感等的体验中感悟学习，学会成长。

4. 课要做到有"导"

课堂教学要注重教师的引领。"师者，传道受业解惑也。"教师承担着传播知识、传播思想、传播真理的历史使命，肩负着塑造灵魂、塑造生命、塑造人的时代重任。在课堂这一育人主阵地上，教师的引领至关重要。教师在教学过程中不仅要注重对学习方法的指导、学习过程的督导，还要注重对学生心理的疏导、思想观念的引导，以亲身示范，引领学生在学习实践中提升认识自我的理性，提高实现自我的能力，点燃发展自我的意愿。

5. 课要做到有"爱"

课堂教学要营造和谐的氛围。师生关系、生生关系、学生与课程的关系是课堂教学的基本关系。要以平等、民主、开放的情感交流和思想沟通，培育学生对课堂的"安全感"，以适合学科学习和学生学习特点的环境和方法，培育学生对学科和学习的"亲切感"。要让学习真实地发生，就要让课堂处于一种安全润泽的氛围之中，让学生缓解紧张焦虑的情绪，呈现一种真实自然的学习状态。

问题2 如何备课?

备课是教师教学的首要环节,是教师为了上好课,根据教学要求、学生特点、自身风格,在课前进行的预先设计教学的准备活动。备课是教师最基本的教学技能之一,也是一项复杂的专业活动。

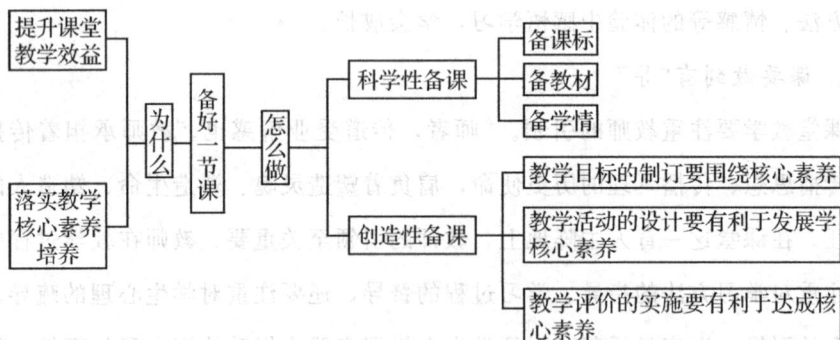

```
提升课堂          ┌─── 科学性备课 ──┬── 备课标
教学效益 ──┐      │                 ├── 备教材
          │  ┌──┐│                 └── 备学情
          └─→│为│┌─┐┌─┐
             │什││备││怎│
             │么││好││么│
          ┌─→│  ││一││做│
          │  └──┘│节││  │
落实教学   │      │课││  │
核心素养 ──┘      └─┘└─┘└─── 创造性备课 ──┬── 教学目标的制订要围绕核心素养
培养                                      │
                                          ├── 教学活动的设计要有利于发展学
                                          │    核心素养
                                          │
                                          └── 教学评价的实施要有利于达成核
                                               心素养
```

一、为什么要备课

1. 提升课堂教学效益

课堂教学一般包括四个要素:学生、教师、学科知识和教学方法。其中学生是主体,教师是主导,学科知识是载体,教学方法是纽带。一节课能取得怎样的效益,关键在于上述四个要素的相互契合度。因此,教师课前必须要对学生进行分析,了解学生的学习基础;对知识进行分析,厘清知识发展的逻辑线索;对方法进行分析,选择适合学生思维发展、适合诠释知识内容的教学方法;在上述基础上设计相关的教学活动,以及教师的组织、引导行为。这就是课堂教学的预设。

预设课堂不是现成的教材或教学参考书能够完全提供的,需要教师根据具体教学场景与对象,对课程与教学在学习与研究的基础上进行"二次开发"和"深度开发",即需要备课。

2. 落实核心素养培养

一方面，学生在校学习期间，70％以上的时间是在课堂上度过的。另一方面，课程育人是学校教育的主要抓手，而课程育人的主要阵地在课堂。因此，课堂要坚持培育学生的正确价值观、必备品格和关键能力。要在课堂上落实核心素养，不仅要从学生、教师、学科知识、教学方法、氛围等视角来设计课堂，也要坚持方法的灵活性，将教学内容的要求与学生认知规律相结合，将教师的示范引领、学生的自主学习、学生间互学互教有效结合，还要坚持评价的科学性，将评价的过程性与激励性相结合，将共性评价与个性评价相结合。只有深度备好每一节课，才能在课堂上有效落实核心素养。

二、如何备课

1. 科学性备课

(1)备课标

各学科课程标准是国家课程的纲领性文件，体现了国家对基础教育课程的基本规范和质量要求，是教材编写、教学评估和考试命题的依据。

以义务教育课程标准为例，各学科均基于核心素养发展要求，遴选了学科主要内容，优化了学科课程结构，增强了内容与育人目标的联系，设计了跨学科主题学习活动，加强了学科间的相互关联，强化了课程的综合化实施和实践性要求；研制了学业质量标准，整体刻画了学生学业成就的具体表现特征；增强了指导性，针对"内容要求"提出了"学业要求""教学提示"，细化了评价和考试命题建议，增加了教学、评价案例，为教师明确"为什么教""教什么""教到什么程度"以及"怎么教"提供了依据和指导。

(2)备教材

教材内容不仅呈现着学科的知识符号与信息，还蕴含着学科的知识逻辑与意义。每一课并不只是一个个独立表述的知识点，尤其是单元内的课与课之间具有整体性、连续性和进阶性。教师备课不能孤立地只备一课。这一课的内容、活动及其定位都需要放在学科整体结构背景中，在大单元的视野下结合学生的发展进阶去考虑。因此，教师在备教材的过程中要有整体思维，首先，从宏观上了解整套教材的总体布局甚至关注各学段间相关内容螺旋式上升的概念体系安排，其次，了解每册教材、每一单元的内部逻辑，最后从微观上明晰每一课和每一课内板块、例题、资料、实验以及课后练习等的编排逻辑。

在厘清教材学科知识的内在逻辑主线、挖掘教材中的核心知识、提取学科大概念、把握好教学重难点后，教师可以本着系统构建课程结构和概念体系的目的，进行教材内容的适当整合重构，依据总学时确定每节课能够且应当囊括的教学内容。

(3)备学情

学生是学习的主体，教学的起点是真实的学情，备学情是深度备课必要的工作。学生不是静待接受知识，而是在教师的引导下主动进入知识发现、发展的过程，亲历知识的（再）形成和（再）发展过程。学生的知识基础和学习习惯，不仅是课堂上师生交互的起点，还是教学过程中可利用的重要资源。

教师不仅可以采用观察、访谈交流等定性的方式，还可以采用调查问卷、前导课程测验成绩分析等定量的方式，了解学生的身心发展特征、学习动机和学习态度，了解学生已有的相关生活经验和知识储备、认知能力和认知倾向、思维类型和思维水平等。细致分析和准确把握学情，对教学目标的制订、教学重难点的确定、教学内容的取舍和整合、教学活动策略的方向和任务层级的把握都有很重要的意义和影响。正所谓"因材施教""以学定教"。

2. 创造性备课

深度学习是学生围绕具有挑战性的学习主题积极参与、体验成功、获得发展的有意义的学习过程。深度学习的"深"并不在于有多少课外知识或更高阶的知识，关键是看学生在理解掌握学科核心知识的程度、学科特有思维方式、能力以及态度责任等方面的变化和成果，乃至学生核心素养的形成与发展情况。

(1)教学目标的制订要围绕核心素养

核心素养是教学目标的集中体现，是在学习过程中逐步形成的。在制订教学目标时，要充分关注核心素养的达成；要深入理解核心素养的内涵、价值、表现及其相互联系；要结合特定教学任务，思考相应学科的核心素养在教学中的孕育点、生长点；要注意核心素养与具体教学内容的关联；要关注核心素养目标在教学中的可实现性，研究其融入教学内容和教学过程的具体方式及载体。

核心素养水平的达成不是一蹴而就的，而是具有阶段性、连续性、整合性等特点。教师应理解不同学科核心素养水平的具体要求，不仅要关注每一节课的教学目标，更要关注主题、单元的教学目标，明晰这些目标对培养核心素养的贡献。在确定教学目标时，要把握好核心素养发展的各阶段目标之间的关系，合理设计各类课程的教学目标。

教学中要引导学生理解基础知识，掌握基本技能，感悟学科基本思想，积累学科基本活动经验，促进学生核心素养的不断提升。

（2）教学活动的设计要有利于发展核心素养

教材内容并不等同于教学内容，更不能等同于学生的学习对象。备课时需进行两个转化：一是将抽象的"知识"转化为含有学生发展目标的"教学内容"；二是将"教学内容"转化为学生可以操作的具体教学材料。

创设真实的问题情境。教师依据教学目标和学情，有针对性地引入具体事实、鲜活案例、生活经验等，创设真实的场景或氛围，使学习者直观地感受到知识的原始形态，引导学生理性思考并解决问题，获得积极的情感体验，这便是情境教学。

教学情境素材应是围绕学科核心知识和思想方法展开的具体事件。教师应围绕教学任务，充分利用各种社会资源、网络资源以及实践机会，选择贴近学生家庭生活、校园生活、社会生活等相关经验的素材，选择符合学生年龄特点和认知加工特点的素材，选择有育人功能的素材。

教师平时应注重素材积累，例如：结合旅行参观，收集区域和地方特色资源，为整合并设计具有学校特色、区域特色的教学情境做准备；多阅读学科前沿的期刊、科普网站，或是广泛阅读文学作品、关注时事新闻等；多观摩学习其他教师的公开课，甚至是多收集学生平时提交的作品、作业，这些都可能成为教师创设情境的思路来源；自然科学学科教师还可以尝试多改进实验，增强实验效果，这也可能成为创设情境的好契机……教师还应与时俱进地学习运用多媒体技术对素材中的文本、图像、声音、动画等进行综合处理，丰富教学场景。

如何将零散的情境素材有效组织起来，使"情境素材"转化为"教学情境"是创设情境的关键，这也正是教师备课时需要进行创造性开发的部分。

如何从纷繁复杂的实验实践、生产生活、科技社会等事件中选择合适的情境素材生成主题情境呢？具体来说，整合的情境素材一是需承载学科核心知识，有助于学生形成学科相关观念；二是能挖掘出一系列具有实际意义的学科问题，引导学生探究，发展学科思维；三是能让学生高度参与、深度思考、情感内化；四是能指向正确的价值观，使学生正确认识科学、技术、社会、环境等的关系，激发学生的爱国热情，使其明确人生的发展方向。一节课可以设计一个大的主题情境贯穿始终，课中不同环节可以拆解为大情境下的、有逻辑关联的小情境序列，以配合问题与活动，来承载核心素养的不同表现性要求。单元内或是整个学期、学段在情境的选择创设中则应注意多样化，让学生感受到自己所学在现实世界的广泛应用，体会到学科的价值。

结合真实情境，还需注重合理设计问题。在真实情境中提出现实世界中存在的开放性的问题，然后引导学生将开放性的问题转化为能引发思考的学科内的进阶问题串（比如：是什么？为什么？怎么办？），层层递进地引发学生的认知冲突，激发学生学习动机，促进学生积极进行探究实践。

需要强调的是，设计的问题应该处于认知基础和学科观念的连接点上，驱动教学的问题应该是能对核心观点产生真实质疑的问题，或是能够激发思考与辩论的问题，或是需要权衡选择才能获得结论的问题，或是与学生先前知识经验有意义关联的问题。通过解决真实而富有意义的学习情境下的问题，学生可以增强认识真实世界、解决真实问题的能力，养成良好的认知习惯和思维习惯，进而促进核心素养的形成。

设计任务驱动式教学活动。 随着教学改革的深入，我们越来越深刻地感受到，教学应该从根本上摆脱一味地让学生"被动听讲、记忆、解题"等低水平的活动，应该回归到引导学生"主动探究、动手实践、设计创造"等高水平的活动。

但在教学实践中，这一点常被忽视。教师往往习惯性地直接将知识"灌输""平移"给学生，直接从人类认识的结果开始，从概念、原理开始讲授，这虽然保证了学生学习的高起点，但也容易导致把知识传授本身当作目的，忽视学生的主动认知活动。

因此，"活动与体验"很重要。教师在备课环节，创造性地设计层级化的任务群，并结合相应教学策略预设需要开展的活动。在一节课的设计中，或是整个单元的教学设计中，要学生完成的若干任务不能都在一个层级水平上，尤其是不能都只停留在低层级的水平上。更重要的是设计指向高阶思维与能力培养的调查与交流活动、实验探究活动、项目式学习活动等活动与体验很重要。

帮助学生学会学习。教师要善于根据不同的内容和学习任务积极探索有利于学生学习的多样化教学方式，不局限于讲授与练习，而是引导学生阅读自学、独立思考、动手实践、自主探索、合作交流等。要加强学习方法指导，帮助学生养成良好的学习习惯，使学生敢于质疑、善于思考。还可以根据自身教学经验和学生学习的个性特点，引导学生总结出一些具有针对性的学习方式，因材施教。

（3）教学评价的实施要有利于达成核心素养

要树立"教—学—评"一体化的意识，科学选择评价方式，合理设计和使用评价工具，妥善运用评价语言，注重鼓励学生，激发学生的学习积极性。通过评价，加强对学生学习的指导，引导学生在实践活动中学习和应用知识，促进核心素养的发展。通过评价，还可以判断教学目标的达成情况，反思教学行为，及时调整教学思路和方式。教师在备课环节，应该对课堂评价、作业评价，从形式、内容、量规等方面进行具体设计。

课堂评价。课堂教学评价是过程性评价的主渠道。要注重观察学生回答问题、参与活动、讨论发言、实验操作等方面的表现，对学生学习态度、知识理解、技能掌握等进行评价。针对不同水平学生的行为表现，选用恰当、生动的语言进行即时评价。比如，如果设计了小组合作、汇报展示活动，教师就应提前设计评价量表、考量评价标准，思考如何合理使用评价工具，形成师评、互评、自评等评价结果，以促进所有教育参与者学习行为或教育方式的改变。

作业评价。作业类型要注重多样性，既要有对基础知识、基本技能的书面练习，又要有应用知识技能的实践活动类作业，如主题考察访问、跨媒介创作、模型制作、社会性科学议题讨论与辩论、养殖栽培等。一要注意合理调控作业量，避免机械简单重复，以减轻学生课业负担；二要在作业设计时注意思考近期单元内的作业是否较全面、是否充分发挥了不同的育人功能；三要预先思考在点评作业时如何综合评价学生的作业态度和作业成果。

当然，评价形式还有很多，如单元评价、期末评价、跨学科实践活动评价等，这些都需要认真地思考和设计。

问题 3　如何选择合适的教学方法？

合适的教学方法是提高教学质量和教学效率的重要保证。在教学中，不解决教学方法的问题，教学任务和培养目标就无法实现。"教学有法，教无定法，贵在得法"，教学方法有很多，也各有其特点，在教学中如何选择合适的教学方法，使其更好地发挥作用，值得每一位教师细细思考。

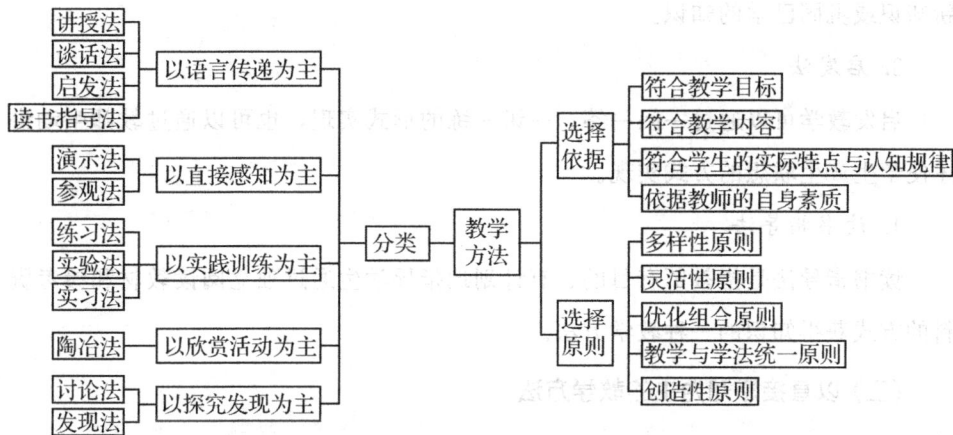

```
讲授法 ┐
谈话法 ├─ 以语言传递为主 ┐                          ┌ 符合教学目标
启发法 │                 │                          │ 符合教学内容
读书指导法┘                │                   选择 ┤ 符合学生的实际特点与认知规律
演示法 ┐                  │                   依据 │ 依据教师的自身素质
参观法 ┼─ 以直接感知为主 ┤         教学        │
练习法 ┐                  ├─ 分类 ─ 方法 ─┤     ┌ 多样性原则
实验法 ┼─ 以实践训练为主 ┤                   选择 │ 灵活性原则
实习法 ┘                  │                   原则 ┤ 优化组合原则
陶冶法 ─── 以欣赏活动为主 ┤                        │ 教学与学法统一原则
讨论法 ┐                  │                        └ 创造性原则
发现法 ┼─ 以探究发现为主 ┘
```

一、常用的教学方法有哪些

目前，我国中小学常用的教学方法从宏观上讲主要有五类，分别是以语言传递为主的教学方法，以直接感知为主的教学方法，以实践训练为主的教学方法，以欣赏活动为主的教学方法和以探究发现为主的教学方法。这些方法之所以经常被采用，主要是因为它们都有极其重要的使用价值，对提高教学质量具有特定的功效。但任何教学方法都不是万能的，它需要教师切实把握各种常用教学方法的特点、作用、适用范围、适用条件以及应注意的问题等，使其在教学实践中有效地发挥作用。

（一）以语言传递为主的教学方法

这类教学方法是指以教师和学生口头语言活动及学生独立阅读书面语言为主

的教学方法。它主要包括讲授法、谈话法、启发法和读书指导法。

1. 讲授法

讲授法是最基本的教学方法之一，是教师运用口头语言向学生描绘情境、叙述事实、解释概念、论证原理和阐明规律的一种教学方法。教师运用各种教学方法进行教学时，大多都伴之以讲授法。

2. 谈话法

谈话法，又称回答法。它是通过师生交谈的方式传播和学习知识的一种方法。其特点是教师引导学生运用已有的知识回答教师提出的问题，学生借以获得新知识或巩固已学的知识。

3. 启发法

启发教学可以通过一问一答、一讲一练的形式实现，也可以通过教师生动讲述使学生产生联想的方式实现。

4. 读书指导法

读书指导法是指教师有目的、有计划地指导学生通过独立阅读教材和参考资料的方式获得知识的一种教学方法。

（二）以直接感知为主的教学方法

这类教学方法是指教师组织学生直接接触实际事物，使学生通过直接感知的方式获得感性认识，领会所学知识的方法。它主要包括演示法和参观法。

1. 演示法

演示法是指教师把实物或实物的模型展示给学生观察，或通过示范性的实验，通过现代教学手段，使学生获得知识更新的一种教学方法。它是辅助的教学方法，经常与讲授法、谈话法、讨论法等配合一起使用。

2. 参观法

参观法是指教师按照教学要求，组织学生到大自然或社会生活场所等校外场所，使学生通过对实际事物和现象的观察、研究获得新知识的方法。

（三）以实践训练为主的教学方法

这类教学方法的主要任务是培养学生的学习技能、行为习惯以及解决问题的能力。它主要包括练习、实验和实习作业等方法。

1. 练习法

练习法是指学生在教师的指导下，巩固知识和培养各种学习技能的基本方法，也是学生学习过程中的一种主要的实践活动。

2. 实验法

实验法是指学生在教师的指导下，使用一定的设备和材料，通过控制条件，引起实验对象的某些变化，并从观察这些变化中获得新知识或验证知识的一种教学方法。它也是自然科学学科教学中常用的一种教学方法。

3. 实习法（或称实习作业法）

实习法是指学生在教师的指导下参加实习工作，借以掌握一定的技能和有关的直接知识、验证间接知识，综合运用所学知识于实践的一种教学方法。

(四)以欣赏活动为主的教学方法

这类教学方法中具有代表性的是陶冶法。陶冶法是指教师有目的、有计划地设置和利用各种情感和环境因素，让学生受到潜移默化的影响和熏陶的教育方法。

(五)以探究发现为主的教学方法

这类教学方法主要以学生间的集体讨论或学生的自我发现为主要形式，多用于高年级的教学。常见的有讨论法和发现法等。

1. 讨论法

讨论法是指教师指导学生以班级或小组的形式围绕某一课题进行争论、商榷，使学生弄清问题的方法。课堂讨论有三种基本类型：用于扩充有关学科的理论知识而组织的综合性课堂讨论，用于解决某门学科中的主要问题或疑难问题而组织的专题性课堂讨论，用于深入探讨某一课题而组织的研究性课堂讨论。

2. 发现法

发现法是指教师提供适宜学生"再发现"的问题情境和教材内容，引导学生积极开展独立的探索和研究活动，使学生发现相应的原理或结论，培养学生创造能力的方法。其基本过程是：掌握课题、制订设想、提出假设、验证假设、发现原理和总结结论。

二、如何选择合适的教学方法

(一)选择教学方法的依据

1. 教学方法要符合教学目标

教师要根据教学目标的不同，确定具体的教学方法。例如：要学生挖掘新知识，则采用讲授法或演示法；要学生掌握技能技巧，则采用练习法；要提高学生逻辑思维能力和口头表达能力，则采用谈话法或讨论法；要提高学生的动手、操作能力，则采用实验法。

2. 教学方法要符合教学内容

教学方法的选择和组合，必须依据教材的性质和具体内容特点。不同学科的知识内容与学习要求不同，不同阶段、不同单元、不同课时的知识内容与学习要求也不同，这些都使得教学方法的选择具有多样性和灵活性的特点。

3. 教学方法要符合学生的实际特点与认知规律

教是为了让学生学，学生的实际特点直接制约着教师对教学方法的选择。教学方法要适合学生的年龄特征、生活经验、知识基础与智力发展水平。这就要求教师能够科学而准确地研究和分析学生的特点，有针对性地选择和运用相应的教学方法。对有些问题，如果学生有丰富的感性认识，那么教师只要稍加讲解，学生就可以理解；如果学生缺乏感性认识，那么教师就需要多用演示法学生才能理解。在学习水平较低的班级，学生抽象思维能力较差，宜多用直观教学法；而在学习水平较高的班级，则可以多用发现法或谈话法。

4. 教学方法要依据教师的自身素质

任何一种教学方法，只有适合教师的自身素质，并能被教师充分理解和把握，才有可能在实际教学活动中有效地发挥其功能和作用。因此，教师在选择教学方法时，还应当根据自身素质，扬长避短，选择更加适合自己的教学方法。

(二)选择教学方法的原则

1. 多样性原则

各种教学方法有各自的适用范围。同时，教学内容、教学对象、教学环境是千差万别的，教师必须综合运用多种教学方法才能取得最佳效果。

2. 灵活性原则

教学方法的多样性和教学活动的多变性，决定了教学方法选择的灵活性。

3. 优化组合原则

对行之有效的教学方法进行优化组合，强化各自的积极方面，弥补各自的消极方面，是教学实践中最机智的做法。

4. 教法与学法统一原则

陶行知曾说，事怎样做就怎样学，怎样学就怎样教，还有当前推行的"以学定教"理念都在提示我们：学法是教法的依据，教法是学法的示范。

5. 创造性原则

教学中，教师要在继承传统教学方法的同时结合教学实际推陈出新，发掘并应用自己擅长的技巧，通过各种途径，让教学活动发挥最大效益。

问题4 如何选择合适的教学模式？

教学模式是指在一定教学思想或教学理论指导下建立起来的较为稳定的教学活动结构框架和活动程序。作为结构框架，教学模式能够从宏观上把握教学活动整体及各要素之间内部的关系和功能；作为活动程序，教学模式具有有序性和可操作性。"因材施教"，就是要求教师针对不同的课堂和学生采取不同的教学模式。

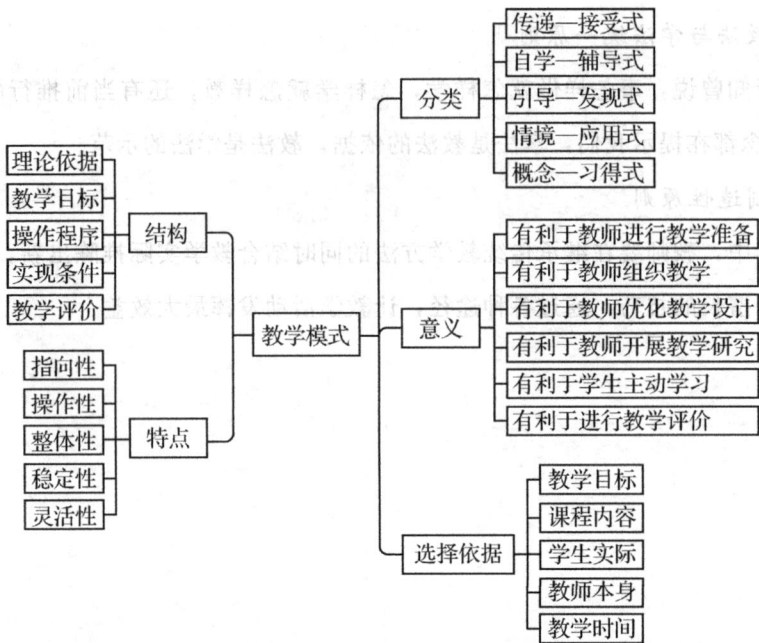

一、教学模式应包括哪些要素

(一)教学模式的结构

教学模式通常包括五个有规律联系的因素。

1. 理论依据

教学模式是一定的教学理论或教学思想的反映，是一定理论指导下的教学行为规范。不同的教育观往往对应着不同的教学模式。

2. 教学目标

任何教学模式都指向一定的教学目标。教学目标在教学模式的结构中处于核心地位，并对构成教学模式的其他因素起着制约作用，它决定着教学模式的操作程序和师生在教学活动中的组合关系，也是教学评价的标准和尺度。

3. 操作程序

每一种教学模式都有其特定的逻辑步骤，它规定了在教学活动中师生先做什么、后做什么，以及各步骤应当完成的任务。

4. 实现条件

实现条件是指能使教学模式发挥效力的各种条件因素，如教师、学生、教学内容、教学手段、教学环境、教学时间等。

5. 教学评价

教学评价是指各种教学模式所特有的完成教学任务、达到教学目标的评价方法和标准等。不同教学模式所要完成的教学任务和达到的教学目的不同、使用的程序和条件不同，其评价的方法和标准也不同。

(二)教学模式的特点

1. 指向性

任何一种教学模式都是围绕一定的教学目标而设定的，且每种教学模式的有效运用都需要一定的条件，因而不存在对任何教学过程都适用的模式，也谈不上哪一种教学模式最好，只存在一定情况下能达到特定目标的最有效的教学模式。好的教学模式应该能够有效地解决教学中的问题，较好地达成教学目标。

2. 操作性

教学模式是一种具体化、操作化的教学思想或理论，它把某种教学理论或活动方式中的核心部分用简化的形式反映出来。教学模式为教师提供了一个非常具体的教学行为框架，它规定了教师的教学行为，使教师在课堂上有章可循，便于教师理解、把握和运用。

3. 整体性

教学模式是教学现实和教学理论构想的统一，有着一套完整的结构和一系列的运行要求，体现着理论上的自圆其说和过程上的有始有终。理论上的忽视或教学过程的缺失，都不能发挥教学模式的应有功能，进而降低教学效果。因此在运用教学模式时，必须整体把握，既全面了解其理论原理，又切实掌握其方式方法。

4. 稳定性

教学模式是大量教学实践活动的理论概括，在一定程度上揭示了教学活动具有的普遍性规律。一般情况下，教学模式并不涉及具体的学科内容，它所提供的程序对教学起着普遍的参考作用，具有一定的稳定性。

5. 灵活性

教学模式并非针对特定的教学内容，在具体的教学过程中进行操作时，必须考虑到学科特点、教学内容、现有的教学条件和师生的具体情况，进行细微的方法上的调整，以体现对学科特点的主动适应。

二、常见的教学模式有哪些

1. 传递—接受式

教学程序是：复习旧课—激发学习动机—讲授新课—练习巩固—检测评价。

该模式以教师为主导，以传授基础知识、培养基本技能为目标，不利于培养学生的创新思维和解决实际问题的能力。

2. 自学—辅导式

教学程序是：自学—交流讨论—启发引导—归纳总结—练习反馈。

该模式能够培养学生发现问题、分析问题、解决问题的能力，能发挥学生的自主性、创造性及团队合作精神，但需要学生高度自律。

3. 引导—发现式

教学程序是：问题—假设—验证—结论—交流。

该模式以问题解决为中心，让学生体验发现和研究的过程，有利于培养科学家精神。理科教学中这种教学模式使用得比较多，需要学生具备一定的知识储备和逻辑思维能力。

4. 情境—应用式

教学程序是：设置情境—提出问题—组织教学—解决问题—归纳总结—拓展迁移。

此模式在教学中比较常用，有利于激发学生情感，促使学生积极进行知识建构，并能培养学生的信息加工、问题解决和知识迁移应用的能力。

5. 概念—习得式

教学程序是：概念界定—事例判断—总结归纳—反馈练习。

该模式引导学生从差别的角度认识理解概念，梳理概念的外延与内涵，培养学生严谨的逻辑推理能力。

三、为什么要选择教学模式

1. 有利于教师进行教学准备

教学模式包含的有规律联系的因素，可以使教师，尤其是年轻教师有计划、有步骤、有策略地根据教学内容、学生实际、教学条件进行教学准备。

2. 有利于教师组织教学

有组织、有设计的课堂可以提升教学效益。成熟的教学模式使课堂教学结构化，教学活动脉络轨迹显性化。

3. 有利于教师优化教学设计

教学模式为教师提供了一个非常具体的教学行为框架，教师在进行教学设计时会为教学目标的达成思考优化教学环节。思考如何体现、分解、搭桥解决教学的重点与难点，如何分配各环节时间，如何促进学生主动参与并积极思考等。没有对课堂教学的结构化思考，很难周全、深入思考上述问题。

4. 有利于教师开展教学研究

教学模式的稳定性可以促进教师有效研究各个教学细节。比如，教材的处理方法，教学思路设计，课堂结构安排，教学语言设计，提问设计，板书设计，难点突破的方法，学生的学习行为、学习效果等。促进教师不断完善教学过程，形成教学策略和方案，提高教学质量。

5. 有利于学生主动学习

每一种教学模式都有其特定的逻辑步骤，它规定了在教学活动中师生先做什么、后做什么，各步骤应当完成的任务。学生可以依据教学目标以及教学模式的定式进行预习、听讲，积极参与师生互动、生生互动，主动进行知识的建构，从而提升学习的针对性、实效性。

6. 有利于进行教学评价

有效进行课堂教学评价是提高教育教学质量，促进教师成长、学生发展的重要手段。依据教学模式适时跟进、监测、反馈教学评价，可以促进教师自省，提升教师的教学技能，也能加深学生对自己当前学习状况的了解，帮助学生确定学习目标的达成程度，从而促使学生改进自己的学习状况。

四、如何选择合适的教学模式

教学模式是为完成特定教学目标而设计的教学策略。课堂教学中，教师需按一定的步骤安排好各个环节，一步一步地引导学生掌握知识、学习技能、发展能力和陶冶情操。教师在选择教学模式时要考虑以下几个方面。

1. 教学目标

在确定教学模式前，教师必须知道课堂教学目标是什么，只有带着明确的教学目标去选择教学模式，才能获得满意的效果。

2. 课程内容

教学模式需要与教学内容综合起来才能发挥作用。不同学科，教学任务的达成要求不同，核心素养内涵也不同。即使是同一学科，教学进行到某一阶段，也会有不同的教学内容。因此，教学内容必须要搭配与之相适应的教学模式。

3. 学生实际

课堂的主体是学生，学习任务也需要学生来完成，教师在选择教学模式时必须首先考虑学生的实际情况，包括学生的发展阶段、知识储备、性格特点、思维能力等。

4. 教师本身

在选择某种教学模式时还应当考虑教师自身的条件，如性格特点、专业发展阶段及专长、课堂组织能力、与学生的关系等。

5. 教学时间

不同的教学模式达成任务需要的时间不一样，教师需要顺应学生需求，在全方面考虑学生学习特征、学习行为、学习效率等各项因素后，选择出现阶段最适合的一种教学模式。

问题5　如何设计课堂提问？

设计课堂提问是教学设计的有机组成部分，是实施课堂提问的重要基础。课堂提问是发展学生思维能力和提升课堂教学效果的重要途径和载体。

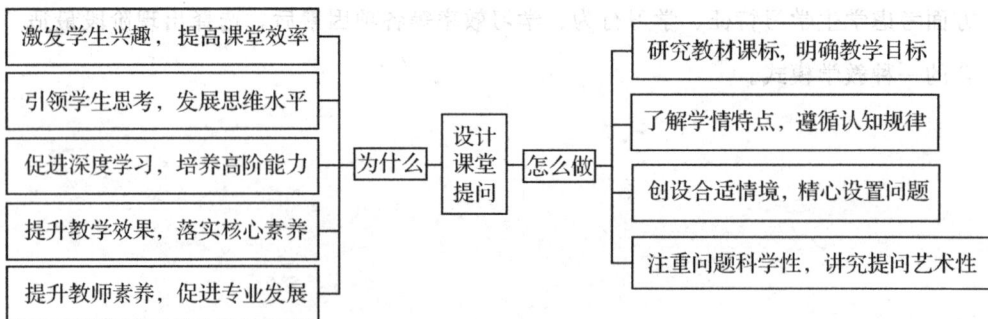

一、为什么要设计课堂提问

1. 激发学生兴趣，提高课堂效率

2022年版义务教育课程标准（以下简称"新课标"）要求在教学过程中以学生为主体，以教师为主导，让学生有更多参与课堂的机会和空间。课堂提问可以激发学生的学习兴趣，调动学生课堂学习的积极性，引导学生主动参与课堂问题的思考和讨论，从而给予学生更多参与课堂的机会。

《学记》曰："道而弗牵，强而弗抑，开而弗达。"设计新颖、有趣、巧妙的课堂提问可以引导学生主动探索、积极思考，让学生在参与课堂提问的过程中，突破学习难点，掌握重点内容；也可以让教师在课堂教学中及时获得反馈信息，适时调整教学节奏，有效推进教学活动，实现教师主导作用和学生主体作用的和谐统一，进而提高课堂教学效率，更好地达成教学目标。

2. 引领学生思考，发展思维水平

亚里士多德曾说，思维始于疑问和惊讶。基于学科特点和学生思维水平设计的高质量的课堂提问可以引领学生进行课堂思考，让学生在参与问题思考的过程

中发展思维水平。设计形式多样、内容丰富的课堂提问对全面培养学生的思维能力具有重要价值。

激励式的课堂提问可以激发学生的学习动机，唤醒学生的学习热情，让学生处于一种积极的学习状态，促进学生的思考，活跃学生的思维。情境式的课堂提问可以引起学生的兴趣，引发学生的认知冲突，引领学生的思维过程，提升学生的思维能力。启发式的课堂提问可以让学生围绕"问题"展开思考，引导学生发表自己的观点，分享自己的思考，提出自己的质疑，在解疑、释疑的过程中发展思维水平。延伸式的课堂提问可以将学生的兴趣和思考与教学内容进行深度关联，引领学生进行深入思考，进而拓展学生的思维。总体上说，精心设计的课堂提问可以高品质地提高学生的思维水平，全面培养学生的思维能力。

3. 促进深度学习，培养高阶能力

新课标倡导促进学生深度学习的教学方式，并对学生的深度思维能力、解决问题的能力、创新能力等高阶能力提出了更高的要求。课堂提问是促进学生深度学习的重要方式，是培养和发展学生高阶能力的有效途径。具有真实性、层次性、挑战性和批判性的课堂提问可以引导学生围绕学习主题展开深入的思考和讨论，让学生在深度学习中掌握学科的核心知识，领悟学科思想方法，培养积极的内在学习动机，形成正确的价值观等，从而培养学生的深度学习能力、批判性思维能力和创新能力等高阶能力。

4. 提升教学效果，落实核心素养

设计课堂提问的过程是深入研究教学内容、全面分析真实学情、科学严谨设计课堂问题的过程。设计课堂提问时需要注重创设恰当的问题情境，遵循学生的思维发展规律，将教学内容与课堂问题进行有效关联，因而课堂提问可以营造良好的课堂氛围，引导学生进入良好的学习状态，优化学生的思维过程，帮助学生突破学习难点，加深学生对重点内容的理解，进而提升课堂教学的效果。

新课标提出"让核心素养落地"，课堂是落实核心素养的主阵地，课堂提问是落实核心素养的有效方式。设计课堂提问时可以将核心素养的具体要求融入到课堂问题中，使学生能够在参与课堂提问的过程中培养和发展核心素养，从而让课堂提问成为落实核心素养的有效手段和重要载体。

5. 提升教师素养，促进专业发展

设计课堂提问的能力和水平是衡量教师专业化水平的重要指标，设计课堂提问对于提升教师的业务能力和专业素养有着重要价值。设计课堂提问，一方面可以提高教师把握教材的能力、解读学情的能力、设计优质问题的能力、组织语言的能力等。另一方面也会促进教师不断学习教育理论、研读课程标准、钻研教材内容、研究学习规律等，这些研究和学习的过程将会促进教师不断提升教学能力，促进自己的专业化成长和发展。

二、如何设计课堂提问

1. 研究教材课标，明确教学目标

课堂提问的设计要围绕教学目标展开。教师要通过研读教材和课程标准全面了解教学内容，把握课标要求，明确教学目标，进而围绕教学目标设计课堂提问。

研读教材和课标既要具体分析本节课的教学内容和要求，又要研究本节内容在教材结构中的地位和作用，厘清本节内容与前后章节内容的联系。在全面深入研究教材的基础上，围绕教学目标和重难点设计课堂提问。设计课堂提问的过程中应着重考虑：课堂提问是围绕哪个教学目标进行设计的，各个问题之间的内在逻辑关系和层次关系是怎样的，课堂提问是如何帮助学生理解核心问题的，课堂提问是如何帮助学生突破学习难点的，课堂提问发展了学生哪方面的能力，课堂提问又是如何促进教学目标实现的，等等。只有围绕教学目标设计课堂提问，才能提高课堂教学的实效性，高质量地达成教学目标。

2. 了解学情特点，遵循认知规律

学生是学习的主体，课堂提问要根据学生的学习特点和真实学情进行设计。课堂提问的设计既要关注学生特定阶段的认知和思维发展规律，又要关注问题与学生已有知识和经验的关联；既要根据班级学生的能力水平注重设计的整体性，又要根据课程内容注重设计的层次性和发展性。

不同学段学生的心理特点和思维发展规律有着明显的差异，只有基于学生的真实学情，把握学生的知识基础和认知起点，设计的课堂提问才能激发学生的兴趣，调动学生的积极性和主动性，活跃学生的思维，进而启发和引导学生进行深入思考，发展学生的思维能力。

班级学生的认知水平和学习能力往往呈现出一定的差异性，课堂提问应首先面向全体学生，让不同学习水平的学生都能参与思考和讨论，并在此过程中获得积极体验和学习收获。同时，课堂提问设计应依据学科特点和学生发展潜力，注重问题的层次性、发展性和挑战性，让不同程度的学生在课堂提问的引领下都能提升思维能力和体验学习的愉悦。

3. 创设合适情境，精心设置问题

良好的问题情境是高质量课堂提问的基础，也是提高课堂提问教学效果的重要保障。设计课堂提问时要注重创设恰当的情境，并围绕情境设置优质的课堂问题。

创设情境要从学生的学习需求出发，适合学生的学习水平和兴趣特点。比如，可以选用贴近学生生活实际的案例、时政热点、实验现象等内容来创设情境，为学生的学习和思考提供良好的环境和引导。创设情境要围绕课堂提问的需要来展开，明确情境在具体课堂问题中的价值，让情境最大程度为课堂提问服务。

高质量的课堂提问的设计需要遵循优质问题的基本要求。设计时，首先要注重目的性和主体性相统一，既要明确课堂提问要达到怎样的教学效果，要提升学生哪方面的能力，又要考虑学生的认知水平和发展潜力；其次要注重整体性和层次性相统一，课堂提问结构上的整体性不能仅关注学科知识的统一，还要关注问题与问题之间内在的层次关系和逻辑关系；最后要注重趣味性和探究性相统一，趣味性的课堂提问可以活跃课堂气氛，调动学生的学习热情，引导学生进行主动思考和讨论，同时设计的课堂提问还要具有可探究性，让学生在课堂提问的引导下进行深入思考和探究。

4. 注重问题科学性，讲究提问艺术性

教育家陶行知曾说，发明千千万，起点在一问；智者问得巧，愚者问得笨。陶行知先生的名言告诉我们问问题要注重科学性和艺术性。课堂提问的科学性首先体现在课堂问题的严谨性上，要避免设计的课堂问题出现科学性错误；其次，设计的课堂提问应遵循学科知识的内在有机联系和学生思维发展的客观规律，让教学活动在课堂提问的引导下循序渐进地展开，科学有效地发展学生能力，达成教学目标。

课堂提问设计的艺术性体现在提问的时机、提问的方式、候答的时间等方面。课堂提问只有掌握好火候，问得恰逢其时才能取得好的教学效果，因此在设计课堂提问时要精准把握课堂提问的时机。课堂提问的设计应结合教学内容和实际学情设计灵活多样的提问方式，如直接提问、引导提问和情境提问等，最大程度激发学生的学习热情，调动学生的思维，提高课堂提问的实效性。在设计课堂提问时应考虑设计合适的候答时间，合适的候答时间既有利于学生思维的充分发散，也有助于教学活动的有序开展。注重课堂提问的艺术性可以为学生创造一个良好的学习氛围，同时也有利于促进学生思维能力的发展和学习效果的提升。

三、设计课堂提问示例

下面是高中物理"自由落体运动"一节的教学中设计的课堂提问。

情境1	剪断悬挂小球的细线，观察小球的运动。	设计意图： 实验引入新课，激发学生兴趣，通过课堂提问，调动学生思维。
课堂提问	(1)同学们看到了什么现象？ (2)请思考：小球做直线运动的原因是什么？	
情境2	一只手掷金属片，另一只手掷一张与金属片大小相同的纸片，从讲台上方同一高度由静止开始同时释放。	设计意图： 创设真实情境，围绕情境设置问题，以问题引领学生思考，培养学生思维能力。
课堂提问	(1)同学们观察到了什么现象？ (2)金属片下落为什么比纸片快？ (3)物体下落的快慢是否与物体的重量有关？ (4)如何检验自己的判断？	

续表

情境3	伽利略曾对以上问题做过如下分析和思考。假定一块大石头的下落速度为8,一块小石头的下落速度为4。当把两块石头捆在一起再释放时,整体(两块石头)下降的速度如何?	设计意图: 展示情境,引发学生思考,围绕认知冲突,展开分析论证,在解决问题中提升学生的科学思维水平。
课堂提问	(1)请同学们根据伽利略的分析给出自己的答案。 (2)同学们出现不同观点的原因是什么? (3)你认为物体下落快慢与物体的重量有关吗?	
情境4	再次回顾金属片和纸片一起下落的实验。	设计意图: 让学生在解决实际问题中深入思考,并为下面的教学活动做好铺垫。
课堂提问	(1)如何解释金属片与纸片下落快慢的不同? (2)如果没有空气阻力,金属片和纸片下落快慢一定相同吗?	
情境5	在一根长约1.5 m的玻璃管中,放入羽毛和金属片。进行如下操作: (1)不抽取玻璃管中的空气,将玻璃管倒立过来,观察物体下落的情况。 (2)抽去玻璃管中部分空气,将玻璃管倒立过来,观察物体下落的情况。 (3)继续抽空玻璃管中的空气,将玻璃管倒立过来,观察物体下落的情况。	设计意图: 创设真实情境,引导学生在观察实验现象的基础上进行分析和总结,进而得出结论。培养学生的思维能力和科学态度,落实核心素养。
课堂提问	(1)这些现象说明了什么问题? (2)在无空气阻力情况下,物体下落有何规律?	
总结	在没有空气阻力的情况下,轻、重物体下落得一样快。	

问题 6　如何设计作业？

作业，是完整的学习环节中必不可少的重要一环。如何进行作业设计是教师必须思考的一个问题。

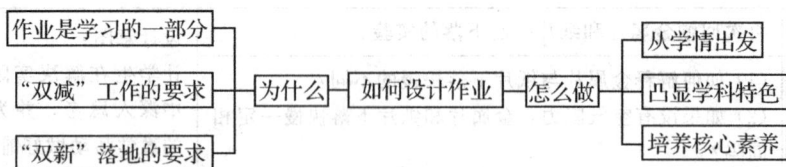

```
作业是学习的一部分 ┐                              ┌ 从学情出发
"双减"工作的要求 ─── 为什么 ─ 如何设计作业 ─ 怎么做 ─ 凸显学科特色
"双新"落地的要求 ┘                              └ 培养核心素养
```

一、为什么设计作业

1. 作业是学习的一部分

作业，是学生进行预习、听课、练习、系统小结等学习过程的中间环节，是巩固所学知识和保持学习进步的关键。日常教学中，作业的一个主要功能是承上启下。"承上"，指的是巩固与复习知识，比如传统习题、章节小结等就起到了"承上"的功能。"启下"，指的是在作业中激发思考，发现新问题，保持兴趣，比如预习作业等就起到了"启下"的功能。

加德纳的多元智力理论认为，每一个学生的智力都各具特点，并有自己独特的表现形式，每一个学生也都有自己的学习方法。个性化学习是根据学习者的个性特点和发展潜能，采取灵活、适合的方式充分满足学习者个体需求的学习范式。个性化学习强调以学生为中心，根据学习者的兴趣、认知能力、学习风格等要素，为学习者提供个性化的学习方法、策略、内容等，以促进学习者更好地学习。

作为学习引导者的教师，需要认真研究学生的学习规律，优化作业模式与内容。以尊重每一个学生的成长为目标，以适应学生个性化学习需求、激发学生学习兴趣为出发点，对作业有所思考，有所设计。由此，作业被赋予了新价值，成为了学生巩固知识、快乐实践、创新的园地，能够让不同层次的学生都有收获。

2.“双减”工作的要求

“双减”工作的开展，重在全面压减作业总量和时长，减轻学生过重的作业负担，“双减”工作强调改变教师的教学策略以及学生学习方式，强调学生作为个性主体的参与和体验。在“双减”的背景下，提高作业有效性成为教师的必然选择。

3.“双新”落地的要求

普通高中课程标准(2017年版2020年修订)和义务教育课程标准(2022年版)的实施，进一步推动了基础教育课程的高质量发展。要求以学生发展为本，以提升全体学生核心素养为宗旨，为每个学生的学习和发展提供机会。一线教师在面对新课程、新教材时，需要学习新的理念和理论，探索新的策略和模式，满足新时代社会发展对教育的要求。还需要积极思考，如何将新课标、新教材的要求落实到日常教学中，不仅要在每一节课堂上体现，而且要在作业、练习中有所体现，这就需要对作业进行整体性的规划设计。

二、如何设计有效的作业

正如教学设计有教学目标一样，作业设计也有目标。例如，初中物理作业设计的主要目标是“知识的巩固与应用”，除此之外，还会兼顾到科学思维、逻辑推理能力的提高。从“双减”“双新”的角度来看，传统作业设计既有优势，也存在问题，以下梳理了传统作业设计与新教育背景不相符合的地方。

问题单一。在传统作业中，问题都是教师提供的，而不是学生自选的。这样的作业在培养学生提出问题的能力方面显然是无效的。同时，面对不同层次的学生实施相同的作业，也会导致学生“吃不饱”与“吃不了”的现象经常发生。

答案统一。在传统作业中强调答案的统一，教师以参考答案为标准评价学生的作业质量，会挫伤学生积极性，抹杀学生创造性，不利于学生思维开发和可持续发展。

形式单调。作业本来是一种操作方式，不必局限于书面作业，而现实中绝大多数是书面作业，尤其是毕业班的作业。以物理学科为例，作业内容绝大多数是各种练习题，局限于书面的形式，而动手实践、自主合作探究类的作业所占比例

却微乎其微。单调枯燥的作业形式会让学生找不到乐趣，做作业的积极性受到
影响。

评价片面。大部分作业评价仅仅用"A、B、C"进行等级式评价。这种做法忽
视了作业对学生发展的激励功能。

针对以上问题，可以明确作业设计的目标应该是：内容具有差异性、答案具
有开放性、形式具有多样性、评价遵循发展性。

1. 设计从学情出发的多层次作业

维果茨基的最近发展区理论认为，需要为学习者提供有一定难度的内容与任
务，通过调动学生的积极性与主动性激发其潜能，从而使其超越现有发展水平，
使学生能够逐渐具备独立解决复杂问题的能力，达到学生的潜在发展水平。

因此，作业既要有共性，又要有个性。共性指的是面向全体学生，激发他们
学习的兴趣，帮助他们建立学习成就感和自信心。个性指的是让每一个学生在不
同起点上获得最优发展。为此，作业的设计和布置必须要多层次、有差异，找准
学生学习的最近发展区。设计分层作业，让学生自由选择，以适合不同层次的学
生。让不同发展水平的学生在完成适合自己的作业中取得成功，获得轻松、愉
快、满足的心理体验，从而更深层次地唤醒学生对学习的兴趣。

学生基于自己与外部世界相互作用的独特经验以及赋予这些经验的意义建构
自己的知识。也就是说，学生的生活经验和前概念对于后续知识的建构具有重要
的意义。教师要以学生原有的认识和经验为基础，利用课堂出现过的实验现象或
生活场景来创设作业问题。

2. 设计凸显学科特色的实践作业

联系实际的知识才是活的知识，实践类作业能更加深入促进学生的全面体
验。例如，初中物理课程内容主要遵循"从生活走向物理，从物理走向社会"的理
念，从现象入手，实验丰富，实践活动多，这给实践作业的设计提供了便利，可
以充分利用。可以根据教学进度，利用周末或者小长假的时间，布置实践类作
业。作业需要的物品是日常生活中容易获取的，同时操作简单易行。这样的作业
既实现了"动手动脑学物理"，又激发了学习物理的兴趣。还可以选择优秀作业进

行展示、交流，或者直接作为课堂教学范例，这会极大地提升学生学习的成就感。特别是基础薄弱的孩子，他们看到自己的作品成为范例时，能够增强学习的信心和热情。

3. 设计培养核心素养的建构类作业

核心素养既是"学科育人"价值的集中体现，也是落实"学科育人"的抓手。落实核心素养不仅是课堂教学的目标，也应该是课后作业的目标。建构类作业，就是采用任务驱动、问题导向的方式，设计作业内容，创设学生用已知的知识和方法探索解决新问题的体验情境，以提高解决问题能力为目的的作业。设计建构类作业的目的是在学生应用关联、迁移的实践中，促进知识结构化，夯实必备知识，提高关键能力，树立正确价值观及必备品格。

三、作业设计实践案例——以初中物理"三维"作业设计为例

本案例明确设计目标，从"学情""学科特色""核心素养"三个维度出发，在教学实践中操作、探索、梳理，初步设计了从学情出发的多层次作业、凸显物理学科特色的实践作业、培养核心素养的建构类作业。

1. 预习作业——多层次作业

预习作业：针对"光的传播路径"进行猜想，并说出依据。

这个作业的目的在于收集学生前概念，为课堂教学设计做准备。对于刚开始学习物理的八年级学生来说，问题范围太大，学生会茫然无措。教师可以把它拆分成几个更具体的小问题，为学生搭建适当跨度的台阶，再根据学生程度的不同，给出不同的问题组合。

(1)光在空气中的传播路径，你观察过吗？

(2)光在空气中的传播路径是直线，还是曲线？

(3)光在水中的传播路径是怎样的？你在什么样的场景中看到过？

(4)光在固体中能传播吗？什么样的固体能传播？

(5)光在固体中的传播路径还是直线吗？

(6)你见过光的传播路径是曲线的吗？在什么样的情景中？介质是什么？

(7)你见过几种光的传播路径？分别在什么场景中？介质是什么？

上述问题可以由学生自行选择回答，哪怕只回答其中的一个问题也可以。同时，要让学生知道"猜想"是要有依据的，不能随便臆想。

2. 课后作业——多层次作业

对刚开始学习物理的学生们来说，难点在于：从数字运算转变为符号运算，用物理语言表达解决问题的过程。针对这个难点，可以设计逐步进阶的作业，让学生完成一个作业，再挑战下一个，使学生的思维能力逐步提升，同时不断收获学习的成就感。

针对"质量与密度"的内容，可以进行如下设计。

A. 如何测出一个大头针的质量？说出你的方法，并实际测一测。

B. 一捆铜线，质量是 89 kg，铜线的横截面积是 25 mm^2，不用尺量，你能知道这捆铜线的长度吗？

C. 一块长方形的均匀铝箔，用天平和尺能不能求出它的厚度？如果能，说出你的办法。

三个任务都涉及特殊测量方法，难度逐渐递增。公式中需要用到的物理量字母也越来越多，同时从数字运算逐渐升级到符号运算。

3. 章节作业——多层次作业

同一个知识点，以不同的难度、不同的方式呈现，提供"巩固""诊断""拓展"三个层次的作业，给予学生更多选择。

以"电流和电路"为例进行说明。

A. 巩固作业

(1)摩擦过的物体有了_____的现象，就是_____现象。

(2)自然界中只存在_____种电荷：一种是用丝绸摩擦过的_____棒所带的电荷，叫作_____电荷；另一种是用毛皮摩擦过的_____棒所带的电荷，叫作负电荷。

(3)同种电荷互相_____，异种电荷互相_____。

(4)实验室里常用_____来检验物体是否带电，它的工作原理是_____。

B. 诊断作业

如图 1 所示，用一段细铁丝做一个转动轴，把一根中间戳成小孔（没有戳穿）的饮料吸管放在转动轴上，吸管能在水平面内自由转动。用餐巾纸摩擦吸管使其带电。

图 1

让学生真正动手，同时提出多个拓展性的思考问题。例如：把某个物体放在带电吸管一端的附近，发现吸管向物体靠近，由此是否可以判断该物体已经带电？把丝绸摩擦过的玻璃棒放在带电吸管一端的附近，观察吸管运动的方向，并回答：吸管带哪种电？餐巾纸带哪种电？为什么？吸管和餐巾纸摩擦起电时，哪个失去电子？哪个得到电子？

C. 拓展作业

学生对于用丝绸摩擦过的玻璃棒带正电荷，用毛皮摩擦过的橡胶棒带负电荷是存疑的。有的学生课下经常会与教师讨论，玻璃棒是否与任何物体摩擦都带正电荷的问题。教师这时可以给学有余力的同学布置探究性作业，即探究不同物质的原子束缚电子能力的强弱差异。

这个作业的建议材料是验电器、玻璃棒、石棉、羊毛、丝绸、木棍、橡胶棒等。学生通过实验能够得出不同物质的原子束缚其周围电子能力的强弱的结果。教师在实验中只需予以指导，剩下的都让学生来完成。

4. 家庭实验室——实践类作业

实践类作业可以在学习相关内容之前布置，也可以在学习相关内容之后布置。有的内容属于验证式的，适合先学后做，如验电器的制作（图2）。学生在制作的过程中能加深对验电器概念的理解，加深对导体、绝缘体的再认识，有利于其知识迁移能力的培养。学生对这类作业，有很高的积极性。

有的内容则适合先做后学。比如"压强"部分，学习之前，可以布置一个小作业"踩鸡蛋"（图3）。这个小作业简单易行，却能带给学生很强烈的感受，让学生对新课的学习充满期待。

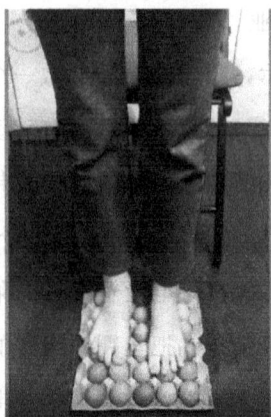

图 2 图 3

实践类作业还可以体现作业设计的"发展性"目标。例如，在学习"浮力"部分的内容时，布置《我教鸡蛋学游泳》的实践作业（图 4）。在通过加盐的方式，使鸡蛋逐渐浮起来的过程中，部分学生发现了新的问题。图 5 展示的是学生通过玻璃杯观察到"鸡蛋变大"了，还有学生发现"搅拌棒弯折了"（图 6）。这些问题都可以在课堂上进行交流和讨论。学生如果可以用已经学过的知识进行解释，则达到了巩固知识的目的，同时收获了学习的成就感。如果还不能解释，则可以成为后续学习中"温故知新"的素材，到那时，学生收获的是"恍然大悟"。

图 4 图 5 图 6

5. 专题作业——建构类作业

"变化电路"问题，是电学部分的一个重要的知识点，同时也是难点。作业设计既要巩固知识，又要培养科学思维，于是针对这个问题设计了三轮作业，为学生搭建台阶，使学生逐步建构解决问题的科学思维。

A. 预习作业

阅读教材"科学世界"栏目中，对于酒精浓度检测仪的一段描述，尝试画出其主要部分的电路图。这是一个开放式的探究作业，只要电路图的主要结构能体现出电路的变化就是合格的。

B. 课后作业

课堂上的例题是图 7（直接求电阻），在此基础上，可以选择性地完成图 8 或图 9（间接求电阻）作为当天的课后作业。

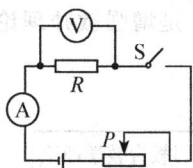

图 7

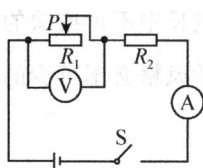

图 8

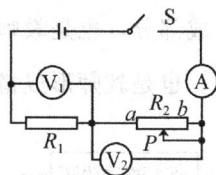

图 9

C. 设计作业

利用前面所学到的知识和方法，尝试设计"油量表"和"风速仪"的工作电路。这里对于基础较弱的学生，可以改为直接给出电路图（图 10、图 11），分析其工作过程。

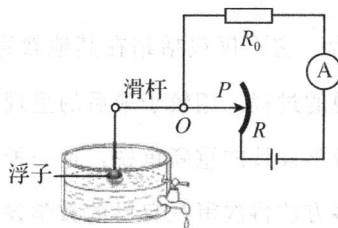

图 10

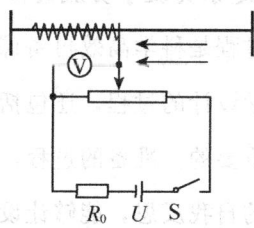

图 11

以上三个角度，更多的是从教学实践的角度出发梳理的。在实际的作业设计中，这几个维度是相互融合的，共同体现在日常教学和作业设计中。

问题 7　如何说课？

说课是指教师在完成完整的教学设计后，或者在完成新课讲授后，对该堂课或者该单元教学设计各环节的说理性呈现。说课教师一般用 10～20 分钟的时间以口头表达的形式向其他教育工作者讲清课程设计的理由，在此过程中要突出教学设计中的亮点或者创新之处，以供教学研讨之用。说课是教学研讨活动中极为重要的组成部分，也是教师专业成长中不可或缺的部分，是增强教师理论深度的重要环节，也是教师形成稳定教学风格必不可少的磨炼。

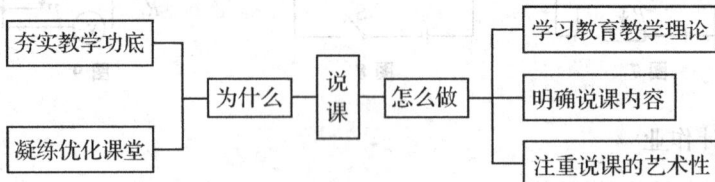

一、为什么要说课

1. 说课是夯实教学功底的必由之路

说课的过程是科学高效再备课的过程。它不仅包括站在其他教育工作者前，陈述自己教学设计的过程，还包括准备说的过程。相较于最后的呈现，准备如何说才是更为重要的。准备的过程，是对教学设计的重新审视，是一种更高层次的对教学设计的自我反思，能够让设计者多方位再次审视自己的教学设计——由哪几部分构成，各部分是如何联系的，理论基础是否牢靠，活动设计是否合理，能否达成良好的教学效果，目标是如何实现的……如果把教学设计比作一个作品，在做教学设计的过程中教师往往是沉浸式的、忘我的、享受创作愉悦的，这时看哪里都好，有一种"横看成岭侧成峰，远近高低各不同"的自我陶醉之感。而在准备说课的过程中，教师相当于站在旁观者的角度，用理性的目光审视前期的教学设计，分层解构并用理论的黏合剂把每部分粘牢黏紧，拼接回去。做好这个准备工作，会有一种"不识庐山真面目，只缘身在此山中"的恍然大悟之感。这个过程，犹如一位雕塑家对已经初具形象的作品进行精雕细琢的过程。

说课呈现的教学设计是一个高聚焦的研讨范本。说课作为一种短小精悍的教研活动，在短时间内结构化、理论性地呈现一个完整的教学设计，能够让聆听说课的教育工作者从更为宽广及深刻的角度进行研讨，能够有效提高教研活动的实效。不管哪个行业，做设计总需要集思广益，听取他人意见，而不能闭门造车。在做教学设计时，教师需要调用自身经验与理论积累，通过自己的巧思妙用编织教学中的各个环节。当教师将自己较为成熟的思考成果条理性地、结构化地、完整地呈现给其他教育工作者时，他人能够有针对性地提出相应的合理的意见，这能够帮助教师将作品打磨得更为完美。而在这种有主题的研讨中，讨论往往会获得意想不到的收获，能够打开设计思路，越辩越明。

说课能够全方位提高教师的综合素养。在准备说课的过程中，教师需要不断反思推敲教学设计，这无疑有利于提高教师教学设计的水平。说课更需要教师向教研人员说清楚这样设计的原因，以及理论基础的来源与适配性。因此，说课能够促使教师不断学习教育教学理论，结合实践不断反思，将理论内化为教学设计的筋骨，提高自身运用教育教学理论指导教学实践的能力。除此之外，说课也是一个讲述的过程，如何呈现，怎么讲，何处着墨渲染，何处一笔带过，以及讲述时的语言表达、仪表仪态的细节处理，都能体现说课教师的基本功。俗话说："台上一分钟，台下十年功。"说课必然能够有效推动教师提前多次练习，反复打磨呈现的细节，操练讲述的基本功，这个过程有利于全面提高教师的自身素质。

2. 说课有助于课堂的凝练与优化

说课有助于学习活动的聚焦与精练。教师的输出端一定在课堂，教师提升理论知识储备、教学设计的能力以及进行说课研讨都是为了上好一堂课。在做教学设计时，教师更为注重对细节的处理与把握，而说课的过程能让教师有更多精力聚焦学习活动的设计，突出课堂活动的主干，凝练教学设计的核心。

说课实际上也是对教学环节的演练。好比演员上台表演前总有很多次彩排，要熟悉流程，要打磨细节等。教师上课的主体是学生，但是教师不可能带着学生进行彩排,只能由教师自己在课前做好预演。说课这个环节,也是一种很好的演练形式。只是这个演练不是针对学生,而是教师自己提前在头脑中构想好,梳理各环节间的关系及细节,然后用口头表达的形式向其他教育工作者进行讲述。

说课的影响可以延伸到课堂之外。北京大学田光善教授曾谈道:"若能让学生们从我们的讲述中得到一点启示,以便他们在今后的研究工作中有榜样追随,有信心前行,有毅力去克服困难,既达成教育之目的,又尽到了身为人师之责任。这是一项值得我们为之努力的工作。"①虽然说课的对象是其他教育工作者,不是学生,但是有了这样严谨、多方位研究课堂以及反复推敲打磨教学设计的过程,会有助于课堂上的完美呈现,进而达到良好的学习效果,对课堂产生积极的影响。而这种影响,也会以另外一种形式潜移默化地影响学生,成为学生今后做学问、做研究的一种良好示范。

二、如何说好课

1. 学习教育教学理论

教师要有一定的教育教学理论储备,要有意识地提升自己的理论水平。教师可以通过阅读相关的理论著作、文献,观看相关课程视频进行学习,最好进行体系化、结构化的学习,形成自己的读书笔记以便理解。教师要多参加教研活动,因为同行的做法和研究成果能够弥补自身的理论局限,帮助开阔视野、拓宽研究广度。

教师要经常将所学理论与自己的教学实际相结合,尝试用理论指导实践,融会贯通。尝试为自己在教学中的有效做法找到理论依据,不断增加自身理论水平的深度。

2. 明确说课内容

说课的核心是说教学设计,要说好课,做好教学设计是关键。教学设计是一

---

① 田光善.关于本科生量子力学教学的一些体会[J].大学物理,2011,30(3):52—58.

堂课或者单元教学呈现的结果，说课则要将为何这样设计，设计时经历的坎坷颠簸的过程，用一种最优雅精练的方式呈现出来。"说"是最后的呈现，从方法上讲，先是解构自己的教学设计，将完整的设计拆分成环节小块，让每一个环节小块所蕴含的理论脉络浮出水面，再将它们巧妙地拼合起来，用口头语言明明白白讲给别人听。说课内容一般包括教学背景分析、学情分析、学习主题的确定、学习目标的形成、学习活动的设计、学习评价的设计，以及相关的教学反思，最好还能包括完整的教学思路结构图，将各部分如何落实学习目标的脉络途径展现清楚。

说课的每部分都要显化教学设计各部分的理论支撑。教学背景分析，依据的是学科课程标准以及对教材的分析与把握。学情分析，依据的是学生关于知识、能力、心理的实际情况。结合教学背景及学情分析，确定重难点后，要阐述清楚突出重点及突破难点的办法。学习目标的确定，一定是从学习内容中寻找提炼核心素养，根据学生最近发展区将其具体化、精细化。学习活动设计的目的是落实学习目标，在结构化、整体化地展示学习各环节及活动后，需要条理清楚、重点地说明学习活动是如何落实学习目标的，要能够体现出教学设计的独到、精巧及创新之处。学习评价的依据依旧指向学习目标，在课堂上完成相应的学习活动后，教师应对学生的学习效果有一个预设，思考通过何种评价方式对学生的学习效果进行量化评价。如此，将教学设计中每一环节的联系及设计的方法说清楚。

在说课前，写好说课稿是必不可少的环节。明确说课内容，有了清晰的说课思路，还需要流利完整的表达。说课稿不仅能够完整地呈现内容，还能有助于完美呈现细节。而写稿件的过程，也是反复推演思考的过程，这个过程能够进一步完善思路，推敲打磨细节。另外，说课稿还能够有效规划说课内容的时间分配。按照说课时教师的一般语速（每分钟 250～300 字），说课的总时间一般在 15 分钟左右，这样可以确定说课稿件的大概容量，进而以突出重点为原则，分配各部分内容的时间占比。写好说课稿，是一次再思考，能够帮助教师更好地把握重难点以及教学设计的核心，并能够让说课详略得当、条理清晰。

3. 注重说课的艺术性

再好的内容，如果只靠陈述，呈现的效果会大打折扣。教师想要自己的说课内容能够完美呈现，做好 PPT 是必不可少的。制作 PPT 不是把说课稿的内容全部复制，再加上标题就可以草草了事，而是用简洁精练的图表展现说课内在的逻辑。在说课的过程中，随着说课者的陈述，逐步生成对应部分的内容与理论的逻辑，并以 PPT 的形式完整地展现给听者。要达到这个效果，PPT 应该文字精简、条理分明、索引合理、图文得当，除此之外还应注重艺术性，做到字体统一、字号适中、色彩合理。

说课的全过程，都是教师一人陈述，如果语言平淡，不管再精彩的内容，都会黯然失色。因此说课时，要注意口头表达的艺术性，做到语速适中、停顿得当和表述清晰。要做到这几点，教师需要练好口头表达。首先，教师可以对照着说课稿进行逐句逐段的诵读练习。在反复几次后，可以尝试脱稿自由发挥，并且将所说内容录音，说完一段听一段，针对不足反复调整修改。如果平时自己语言习惯中有口头禅，也可以用这种方式在平时的演练中进行刻意练习，有意识地改正不良表述习惯，多次练习后，新的表述习惯就会逐渐建立起来。虽然练习的过程相对枯燥乏味，但是如果能够在练习过程中获得明确反馈与不断改进，就会收获十足的成就感。

教师在说课时呈现出的精气神也会影响说课的效果。站立的姿态要挺拔，表情要松弛自信，恰当的手势指引更能够让听者集中注意力，明白说课教师传达的信息。整体的仪表仪态对信息传达效果的影响不容小觑，这也是教师教学基本功的侧面体现。平时教师可对着镜子边说边练，也可以将自己说课的过程录制下来，再回看审视自己的仪表仪态，发现的不足之处，要在平时注意调整。另外要做到从容自信大方，仪表自然，但前提一定是对说课内容准备充分，"心中有数"，切记不能只注重"形"而忽视了"本"。

三、案例——《电磁感应现象及其应用》高三单元复习教学设计说课稿

本单元教学设计依据的指导理论为"深度学习"，包含四个核心要素：确定指

向核心素养的目标、选择引领性学习主题、展开有挑战性的学习任务与活动、开展持续化的学习评价。

以下主要从四个方面说明本单元复习课教学设计的内容：复习主题、复习目标、复习任务和复习评价。

1. 复习主题

课标要求：①通过实验，了解电磁感应现象，了解产生感应电流的条件。知道电磁感应现象的应用及其对现代社会的影响。②探究影响感应电流方向的因素，理解楞次定律。③通过实验，理解法拉第电磁感应定律。④通过实验，了解自感现象和涡流现象。能举例说明自感现象和涡流现象在生产生活中的应用。

学科教学指导意见：①通过对感应电流等相关问题的科学探究，学习对实验现象和实验结果进行归纳推理的方法，提升学生对实验结论定性和定量分析的能力。②理解法拉第电磁感应定律，理解楞次定律，能够解决一些简单的电磁学问题。③通过实验，了解自感现象和涡流现象。能举例说明自感现象和涡流现象在生产生活中的应用。

普通高中学业等级考试的考查情况（北京）：2021 年考题第 7 题，考查了导体棒切割磁感线过程中电路产生的感应电流情况、导体棒的运动情况及过程中能量转化的相关情况；第 11 题，考查了磁电式电流表利用电磁阻尼减震的实际应用问题；第 19 题，考查了电路中自感现象的类比理解。

教材编写的知识结构：第一，通过实验现象总结产生感应电流的条件；第二，以"磁铁插拔线圈"实验为例探究感应电流的方向，总结出楞次定律；第三，进一步定量探究，得出法拉第电磁感应定律；第四，建立微观模型，分析感应电动势产生的微观原因；第五，以"导体棒切割磁感线"实验为例总结出右手定则，并推导出感应电动势的计算公式 $E = BLv$。纵向看，研究路径层层递进——从磁通量变化引起的一般电磁感应现象到电路中部分导体切割磁感线引起的特殊情境；从电磁感应现象的描述到本质规律的解释；从定性研究感应电流方向到定量研究感应电动势的大小；从电磁感应现象的宏观规律到微观解释。横向看，该部分内容贯穿能量观的发展——"楞次定律"的本质是能量守恒；"法拉第电磁感应定律"说明能量转化了多少；建立微观模型，是解释电磁感应现象中能量转化的机理；涡流的热效应、电磁阻尼和电磁驱动现象是体现能量转化与守恒的实际电磁感应问题。

学生情况：从知识层面看，学生已经复习完电场与磁场，熟悉场的特点及描述方法。从能力层面看，学生经历了高三的复习，综合分析能力较强——具备一定的空间想象能力，能够分析微观带电粒子的受力和运动；具备从宏观与微观两个角度分析理解物理概念及现象的意识；能够描述变化过程；具有一定的能量观基础，能从做功的途径分析能量的转化与守恒；具备科学探究的基本能力；具备一定的分析归纳的基本思维能力。

基于以上分析，本单元复习的重点在于建构电磁感应主题完善的知识体系，归纳总结分析问题的方法和程序，落实学生物理学科核心素养的发展；难点在于电磁感应现象综合问题的分析与应用。

2. 复习目标

本单元分别从定性、定量两个角度认识电磁感应现象中的能量转化问题，发展了学生的物理观念。三个探究实验：探究产生感应电流的条件、探究感应电流方向的因素、探究感应电动势的大小的相关因素，促进了学生对科学探究的体验。建立微观模型，分析电磁感应现象的微观机制，体现了科学思维的基本要求。同时引领学生体会严谨、实事求是的科学态度，感悟科学本质。

复习课要体现目标进阶。比如，物质观念、力与运动观念的目标进阶为：整合各类电磁感应现象，从运动与力的角度分析并总结解决问题的一般程序，深化学生的运动与相互作用观；能量观念的目标进阶为：整合各类电磁感应现象，从能量转化与守恒的角度分析并总结解决问题的一般程序，深化能量观的认识；进一步整合电场、磁场、电磁感应现象、电磁场、电磁波内容，深入理解"场"的物质性。又如，针对科学思维，可以将模型建构进行整合：从微观角度建构模型，与电路知识整合，深入理解电动势概念，从微观角度解释电磁感应现象中能量转化的原理，通过深入分析典型电磁感应实验现象，掌握分析电磁感应现象的一般分析思路与程序。再如，针对科学探究，复习目标为：分析整合三个探究实验，总结科学探究的一般程序，提炼相关研究方法。学生对电磁感应的实际应用应知其然并知其所以然，通过对综合实际应用的整合分析，进一步体会科学、技术、社会间的联系，这也是对本主题的一种总结及升华。

3. 复习任务

确定复习素材。一是参考课标范例，如了解手机无线充电的原理；二是参考课标中给出的活动建议，如讨论动车组进站过程中是如何进行能量转化的；三是参考教材中的素材，如有关电磁感应现象的图片；四是参考教材中的典型模型，如应用楞次定律定性判断感应电流及产生感应电动势的方向等。

确定复习主题。将复习任务整合成六个专题：专题1——电磁感应基本概念规律及应用专题，专题2——将探究实验整合为科学探究专题，专题3——电磁感应现象中的力与运动专题，专题4——电磁感应现象中的能量转化专题，专题5——动生电动势专题，专题6——新技术背景下电磁感应现象的综合应用专题。

确定学生活动。在专题1中，设计三项活动：一是小组合作构建知识体系的全貌；二是辨析关键概念，熟悉相关规律的推导；三是运用规律分析电磁感应现象，总结一般程序及方法。在专题2中，重现实验探究情境，设计三项活动：一是根据实验探究的目的进行实验设计，理解实验设计思路，理解实验原理；二是从实验设计原理中总结实验设计方法，分析实验现象；三是总结科学探究一般程序。在专题3中，呈现典型模型，设计三项活动：一是结合安培力、牛顿运动定律、动量定理分析切割磁感线的导体棒的运动情况；二是用图像描述各过程中相关物理量的变化；三是归纳总结电磁感应力学问题的一般方法及程序。在专题4中，设计两项活动：一是回顾实验情境，定性分析电磁感应实验现象中能量的转化与守恒问题；二是根据典型模型定量分析，理解安培力做功的效果，总结分析问题的一般程序。在专题5中，设计四项活动：一是回顾实验情境，建构模型分析感生电动势的本质；二是运用规律分析涡流产生的原因及其相关应用；三是构建模型，从不同角度推导动生电动势的表达式，分析能量转化的微观途径；四是建立微观模型，分析有源电路中反电动势产生的微观本质及其能量转化途径。在专题6中，设计三项活动：一是列举应用，了解电磁感应现象在生活中的应用，定性分析其原理；二是通过阅读资料，了解共享单车利用电磁感应线圈进行充电的原理、了解电车电气制动技术原理、了解电磁轨道炮技术原理；三是利用规律定量分析相关的电学、力学、能量综合问题。

确定复习课时。专题1用1课时，专题2用1课时，专题3用2课时，专题4用2课时，专题5用1课时，专题6用1课时，总计8课时。

4. 复习评价

复习评价以单元复习目标为核心内容，具体以学生的理解及应用能力的评价为载体，分散到每一个专题中。比如：在专题1后，学生绘制知识概念图；在专题2后，撰写实验报告；在专题3后，运用文字、公式、图像表述运动情况；在专题4后，绘制分析能量转化的思维导图；在专题5后，分析说明洛伦兹力在能量转化中的作用；在专题6后，描述一种有关电磁感应设备的工作原理等。这些一方面可对学生知识结构的建立情况进行评价，另一方面可评价学生科学探究素养的落实情况。

根据以上分析，单元整体复习流程如图12所示，主要包括三个部分：一是电磁感应现象一般规律及应用的复习，二是电磁感应现象的整合专题，三是每一环节的评价活动。

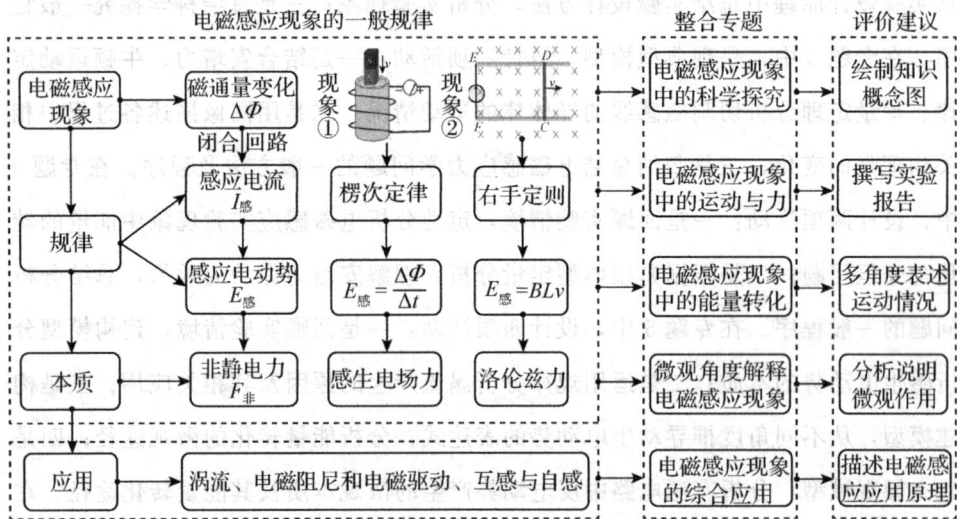

图12 单元整体复习流程图

问题8 如何写好课堂教学的板书？

课堂教学的板书是教育环境的重要组成部分，是教书育人的重要载体，也是教师教学风格的外在呈现。

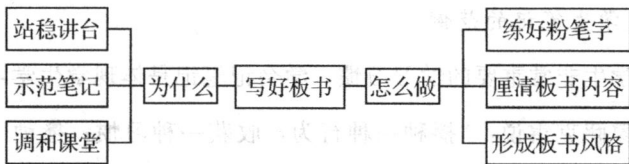

```
站稳讲台
示范笔记  → 为什么 → 写好板书 → 怎么做
调和课堂
                                   练好粉笔字
                                   厘清板书内容
                                   形成板书风格
```

一、为什么要写好板书

1. 板书有助于站稳讲台

站稳讲台是教师专业发展的第一步。《学记》中有云："亲其师，信其道；尊其师，奉其教；敬其师，效其行。"成功塑造教师在学生心中的专业形象，令学生"亲、尊、敬"，是站稳讲台的关键。

板书可以提高"首因效应"。"首因效应"是充分利用第一印象塑造角色形象、吸引观众、提高表演效果的方式。例如，话剧表演，演员的出场很有讲究，要么是"未见其人先闻其声"，通过演员的声音抓住观众的心；要么是"只见其人不闻其声"，通过演员的行为做派吸引观众的眼球。教师在学生心中的第一印象也会影响教师的教学效果。板书是教师常用的提高"首因效应"的技能之一。试想一下：一位教师第一次跟学生见面，走上讲台，先用粉笔在黑板上漂亮地写上自己的名字，然后开始自我介绍，效果会怎么样？

板书可以提升专业形象。黑板（或白板）在中小学课堂教学中具有非常重要的作用，它如同电影院里的荧幕，教师会在那里演绎知识的"生命"历程。尽管教师的性别、年龄、衣着、姿势、表情等会影响其在学生心中的形象，但在教师和学生这一特殊关系中，教师丰富的知识、认真的态度、精湛的技能和公正的做法才是学生更为看重的专业形象。板书是教师教学态度最直接的体现，因为每节课每一位学生的眼睛大部分时间都会集中在黑板上。写好板书也应该是教师着重深耕的能力，因为心理学研究表明，一般情况下，人在获取外部信息时不同的器官发挥作用的比例不同，其中视觉占83%，听觉占11%，其他器官占6%。试想一下：如果一位教师每一节课的板书都是那么漂亮工整、结构分明、条理清晰，教师在学生心中会是什么样的形象呢？

2. 板书是学生笔记的范例

记笔记是学生非常重要的学习习惯，学会记笔记是体现学生学习能力的重要指标。英国作家萨克雷说："播种一种行为，收获一种习惯；播种一种习惯，收获一种性格；播种一种性格，收获一种命运。"教师写好板书就是在播种一种行为，这是引导学生养成记笔记习惯的最好范例。

板书可以提高学生记笔记的意愿。曾经有一位老师问我："如何才能促使学生记好笔记？"我说："对学生不用提任何要求，只要你坚持每节课都认认真真写板书，一个月后你再看学生记笔记的情况。"果然不出所料，一个月后，这位老师说绝大部分学生都开始认真记笔记了。子曰："其身正，不令而行；其身不正，虽令不从。"要引导学生养成良好的习惯，可谓"身教重于言教"。教师坚持板书，学生耳濡目染，记笔记的意愿就会大大提高。

板书可以帮助学生掌握记笔记的策略。几乎每一位教师都会面对这样一个问题："老师，课堂上笔记都记什么呀？"我的回答是："黑板上有的你都得记。"如果学生在中学阶段还不知道"课堂上笔记都记什么"，说明学生还没有掌握记笔记的策略，这个时候跟学生讲记笔记的方法，效果不会太明显。形成记笔记的策略也是一个学习的过程，首先是"学"，就是模仿着教师在黑板上写的来记笔记。日子长了，在"学"的基础上自然就会"长"出记笔记的策略来。

3. 板书是课堂演进的"黏合剂"

课堂教学中学生的思维发展水平是基础，促进学生的思维发展是目标；学科知识是促进学生思维发展的载体，学科知识的演进过程是促进学生思维发展的途径。因此，课堂教学的演进一般有两条线索：一条是学科知识演进的逻辑性线索，是明线；另一条是学生思维发展的规律性线索，是暗线。只有明线的发展速度符合暗线的发展特点时，课堂教学才会有好的效果。这两条线索如何相互加持呢？板书在其中起到了"黏合剂"的作用。

板书可以明晰知识的演进过程。课堂教学中，清晰地展示知识的演进过程有利于学生对新知识的理解。例如：展现学科知识的系统性建构过程有利于学生理解局部与整体的关系；展现学科知识发展的逻辑性层次有利于学生理解新知与旧知之间的关系；展现学科方法的规范性操作过程有利于学生理解知识与方法之间的关系。板书的渐进性恰好可以明晰学科知识的演进过程，使得学科知识从现象到问题，从论点到论据，从结论到应用的整个演进过程得以一一呈现，如同一个纪录片，记录了知识"生长"的过程。

板书可以显化学生的思维过程。书写板书的过程不仅可以展现学科知识演进的逻辑性线索，更因教师在书写板书过程中与学生的交流而使学生思维发展的规律性线索得以凸显。板书便将学科知识演进的过程与学生思维的跟进过程联系起来，使得学科知识演进的逻辑在学生心中"顿时明白起来了"。同时，在师生交流过程中，教师能更好地感知学生思维的障碍所在，通过板书将知识的演进过程呈现得更加条分缕析，以便符合学生的思维特点。

二、如何写好板书

1. 练好粉笔字

教师书写板书既要有适当的速度，保证课堂的流畅，又要字体大方字迹清晰，保证学生易于辨识。写好板书的基础是练好粉笔字，教师的板书一般采用行书进行书写，一方面要经常进行钢笔字行书的练习，选择一些涵盖所有偏旁部首的典型汉字进行练习，并在日常书写过程中进行自主模仿；另一方面要经常在黑板上进行书写练习，因为粉笔具有不同于钢笔的书写特性，黑板也具有不同于纸张的书写特性。

2. 厘清板书内容

厘清板书内容是写好板书的基础。板书的内容一般会因课型的不同而不同。例如：概念课一般要将引入新概念的背景、定义新概念的过程与方法、应用新概念分析解决问题等呈现出来，探究课一般要将问题的产生以及探究步骤完整呈现出来，习题课一般要将解题的分析、表述过程呈现出来，实验课一般要将实验目的、实验原理、实验装置、实验步骤、实验现象和实验数据处理、实验反思等呈现出来。

3. 形成板书风格

结合自己的特点和学科特点，逐渐形成自己的板书风格，是板书的最高境界。《老子》曰："少则得，多则惑。"板书的内容是一节课目标的集中体现，是课堂教学的精华所在，只有"冗繁削尽留清瘦"，才能有利于学生更好地掌握。

一般情况下，有效的课堂板书有三个特点：只写一黑板、三栏分割、固定色彩搭配。"只写一黑板"是从量的角度规范板书，写多了不仅学生记笔记跟不上，而且花费过长的时间在板书上，会挤占师生沟通、同学交流的时间。可以想象，如果45分钟的课写上两黑板的板书，板书呈现的内容一定不会是"冗繁削尽"的。当然，写少了，也不足以呈现课堂教学的精华，不能充分发挥板书应有的作用。"三栏分割"是从质的角度规范板书，因为有些内容需要在一行中凸显出来，分栏太多，可能一行写不下，分栏太少，因一栏写的内容太多会导致重点内容不突出，并且会使教师在书写过程中需要不断移动，导致书写不整齐。"固定色彩搭配"则是从形的角度规范板书，将内容用不同颜色加以区分，如文字用白色、画图用黄色、推演用红色等，既增加美感，减轻学生的视觉疲劳，又通过颜色区分不同内容，明确不同要求。

三、课堂教学板书示例

如图 13 所示为课堂教学板书示例。

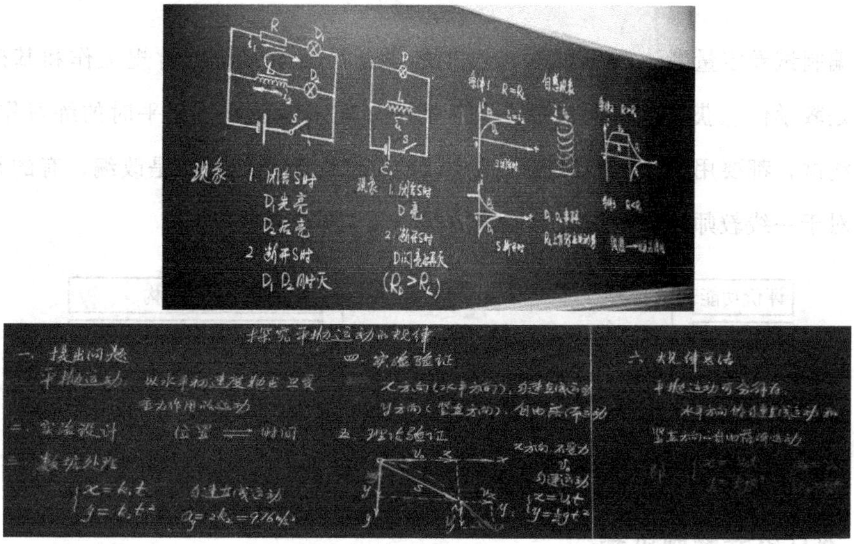

图 13　课堂教学板书示例

问题 9　如何编制试卷

编制试卷定量考查教师的教和学生的学，是教学评价的常规工作和基础工作，是教学信息获取的重要途径。上至期中、期末考试，下至平时的练习作业、章节测试，都要用到大量的试题。这些试题有的是原创，有的是改编，有的是旧题，对于一线教师来说，试题命制能力是一项基本能力。

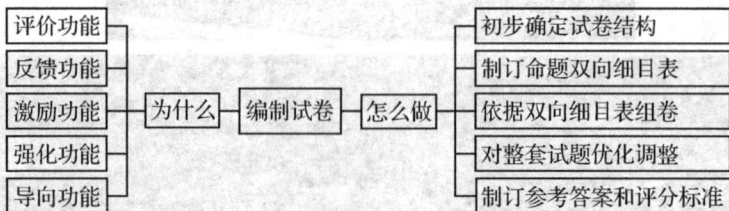

评价功能				初步确定试卷结构
反馈功能				制订命题双向细目表
激励功能	为什么 → 编制试卷 → 怎么做			依据双向细目表组卷
强化功能				对整套试题优化调整
导向功能				制订参考答案和评分标准

一、为什么要编制试卷

1. 试卷具有评价功能

平时的教学工作效果如何，单独靠课堂提问、平时的作业是无法进行全面检验的。这是因为课堂提问只是针对某个具体的问题向个别同学提问，而平时的家庭作业也是在不控制时间的情况下完成的。学生在完成家庭作业时，态度和潜能的发挥与考试时无法相比较。在规定时间、规定场合进行的测试，是对学生阶段性学习的客观评价，也是对教师阶段性教学的客观性评价。评价教师的教和学生的学，是试卷的基本功能。

2. 试卷具有反馈功能

在评价教师的教和学生的学的基础上，形成性测试还具有为教学提供反馈的功能。学生的答题情况，可以体现出学生对所学内容的掌握情况。这些情况反馈给学生本人及教师，有助于他们针对性地改进学习和教学。因此在考试之后，教师要进行试卷分析和教学检查，并针对试卷分析情况进行试卷讲评，指出学生学习的优点、缺点、注意事项和努力方向。

3. 试卷具有激励功能

考试可以激励学生平时认真学习，考前认真复习，以争取优异成绩。考试成绩优秀，能够体现出学生学习的成功，这种"成功的体验"能极大地激发学生的积极性和上进心，促使他们更加勤奋地学习；考试成绩不理想能激发学生的学习动力，以争取下次考试达到较好成绩。考试也能激发家长对孩子学习的关注热情，孩子考试成绩好，家长会鼓励孩子，孩子考试成绩不好，家长会想办法补救，提高孩子成绩。考试结果还会不断激励教师改进教学，提高教学质量。从这种意义上讲，考试牵动万人心，这也正是考试的魔力所在。

4. 试卷具有强化功能

学生学习知识是一个螺旋上升的过程。初次学习的时候，学生总是停留在知识的表面，学习的重点在于对概念、规律和原理的理解。再通过平时做作业，学生可以进行知识的运用，形成初步的技能，加深对知识的初步理解。而每经历一次考试，学生就要在不同情境下运用知识，这能够加深学生对知识的理解。而每次考试还会督促学生去复习所学的内容，从而达到强化学习效果的功效。

5. 试卷具有导向功能

考试的内容、考试的重点、试题的结构及深浅度都对教师的教及学生的学起着十分重要的导向作用。有经验的教师应充分利用考试的导向功能及时调整、修订教学方针和计划，改进教学方法，积极引导学生突破学习的难点、重点，打牢基础、提高能力，以取得最佳学习效益。

二、如何编制试卷

教师要以教学测量为手段，经过分析、综合，判断自己或他人的教学活动以及学生的学习状况。学生作为认识主体，也要以学习目标和学习要求为标尺来评判自己的学习结果与进展。因此试卷的编制需要把握科学性、人文性原则，稳定性、创新性原则，全面性、开放性原则，规范性、适切性原则，和谐性、优美性原则等基本原则，同时需要做好以下几个方面。

1. 初步确定试卷结构

试卷结构包括试题题型、考试时间、分值分配、整卷阅读量、整卷难度系数、整卷知识覆盖率、考试区分度、考试信度、考试效度等宏观指标。命题人员应根据考试目的、考试对象、考试功能的不同进行合理预设。对于形成性考试而言，整卷难度系数一般宜控制在 0.7～0.8 之间，整卷知识覆盖率宜控制在 0.80～0.95 之间，考试区分度宜控制在 0.2～0.4 之间，考试信度宜达到 0.85 以上，信度低于 0.7 无法鉴别考生，考试效度宜达到 0.4 以上，效度低于 0.3 的考试为无效考试。对于试题题型、考试时间等，应依据考试对象、考试学科等实际情况确定。

2. 制订命题双向细目表

编制试卷需要考虑如下问题：什么级别的测试，测试对象是谁（哪个年级、学生水平），测试范围是什么，测试时间是多少，试卷大体的组成结构（题型、分值），难度系数预控制在多少，等等。

双向细目表（表 1）有三个要素：考查目标、考查内容以及考查目标与考查内容的比例。一般地，表的纵向列出的是要考查的内容（知识点），横向列出的是要考查的能力，或者是在认知行为上要达到的水平，在知识与能力共同确定的方格内是考题分数所占的比例。双向细目表能确保试卷有较宽的覆盖面，确保试卷的质量，避免随意性和盲目性。

表 1　双向细目表

单元	考查内容	知识点	考查目标					分数合计		
			了解	理解	掌握	应用	综合	易	中	难
	合计									

3. 依据双向细目表组卷

选题：选用某些现成的题目作为试题。所选试题一般是知识体系中常规的问题，内容要能体现知识重点，有代表性，形式完美。选题取材主要来自权威性的考试。选题要有明确的指向，它服从于考查的目的，对知识深度、广度的要求，以及对解答方法中涉及的学科思想和学科方法的要求。

改题：以一个现成的题目为基础，经过修改成为一个适用的试题。改变题中的条件，用同类型概念或可比性的性质替代原题的条件，用等价命题、逆命题、否命题取代原题；对原题做一般化或特殊化处理，改变题目中的条件或结构（增强或减弱）；对题目进行外包装，变更题型或改变提问方式或变化为探索性、开放性的题目；对若干成题进行组合。成题后教师要认真比照原题，研究涉及的知识点、试题风格、解题方法、难度等方面的变化，判断是否符合考查目的。

编题：根据命题要求编制新试题。它要求教师有丰富的专业知识和较高的业务能力。编制后的新题要从多方面论证其科学性与规范性。

4. 对整套试题优化调整

组卷结束后即进入审题和修改调整阶段。此阶段审题人员应对每个试题的难度、信度、效度和区分度进行反复研究和充分交流，对整个试卷的难度进行合理预测，以控制试题测试的系统误差。确认试卷的各项指标大致在双向细目表的数据区间后，还应该对整套试卷进行多次模拟测试。一是预估整套试卷完成的大致时间和阅读总量，二是体验每个试题在解答时可能出现的各种问题，三是对每个试题的素材、表述和设问的有效性等方面进行反思。完成整卷的模拟测试后，再就测试过程中发现的问题进行研究和改进，对存在不符合新课程理念、超标、信度偏低等问题的试题进行替换和调整，确保试题无知识性错误，确保试题考查内容的信度、效度和区分度合理。

5. 制订参考答案和评分标准

参考答案是命题者提供的答案预设，集中反映了考生在知识、技能、价值观等方面的考查要求。参考答案一般具有较为普遍的解释力，但在具体阅卷的时候，还可能出现在参考答案之外的合理答案。这就需要在试题编制好以后，组织相关人员试做，或者在考试结束以后，根据学生实际作答的情况，对参考答案进行调整，形成评分标准。

当前，考试改革和课程改革风起云涌，试卷的编制需要不断结合教育教学改革的新形势。伴随着试题命制由能力立意向素养立意的转变，教师要在认真设计试卷的结构，尤其是隐性的结构（知识结构、能力结构和难度结构）的基础上，不断探索试题情景的创设方法，助力核心素养的培养。编制试卷是一个常说常新的话题，也是一个需要在实践中不断更新的创新性工作，需要付出艰苦的努力，方有所得。

三、样例

2018 年北京新高考调研第 18 题（20 分）读图 12（图略），回答下列问题。

（1）概括黄河河道变迁的特点。（6 分）

频次高（次数多）（2 分）、历时长（变迁时间长）（2 分）、范围（分布）广（2 分）。

甲地曾是苏北地区面积最大的湖泊——射阳湖，现为湖沼湿地。

（2）描述射阳湖演化为湖沼湿地的主要自然过程。（6 分）

上游河段及黄河改道带来的泥沙（河流带来泥沙或河流含沙量大）（2 分），进入湖区流速减慢（地形平坦或地势低平）（2 分），大量泥沙沉积，淤塞后形成湖沼（2 分）。

（3）射阳地区荷藕种植历史悠久。20 世纪 70 年代起，随着湿地开发，荷藕种植发展迅速，藕田连片，面积持续增加。近年来，凭借资源、技术和品种等多种优势，荷藕产量和出口量在全国名列前茅。针对射阳地区是否继续扩大荷藕生产规模，表明态度并说明理由。（4 分）

观点 1：赞同（合适）（1 分）。

理由：自然条件适宜，生产基础好；市场广阔；能带动相关产业发展；增加就业机会；促进当地社会经济的发展。（答案合理即可得分，最高可得 3 分）

观点 2：不赞同（不合适）（1 分）。

理由：湿地面积有限；规模扩大将加大破坏生态环境的风险；减少湿地生物

多样性，降低湿地的生态效益；市场竞争激烈，产品销售压力大。（答案合理即可得分，最高可得3分）

注：未表明态度，本题不得分。

(4)乙地中低产田众多，严重影响了区域人口容量和环境承载力。从农业生产技术的角度，列举提高乙地环境承载力的主要措施。（4分）

改良作物品种；提高施肥效率；节水灌溉；治理盐碱地。（从品种、施肥、灌溉、土壤改良等方面作答，每种角度的措施为2分，本题最高得4分）

问题 10　如何将信息技术与课堂教学相融合？

信息技术与课堂教学相融合是时代和教育发展的必然趋势，是构建高效课堂的重要基础，是提升课堂教学品质、落实核心素养的重要方式和途径。

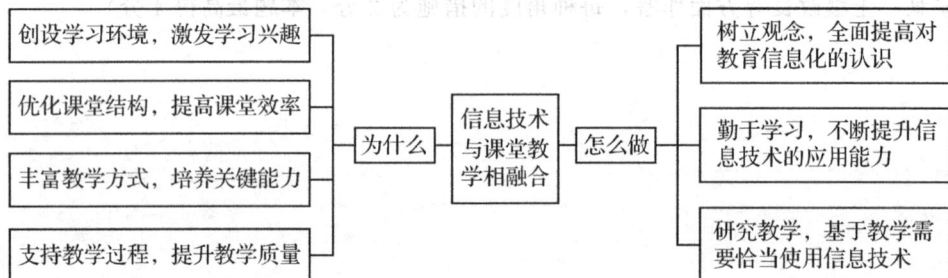

```
┌──────────────────────┐
│ 创设学习环境，激发学习兴趣 │
└──────────────────────┘         ┌──────┐   ┌────────┐   ┌──────┐        ┌──────────────┐
                                  │      │   │ 信息技术 │   │      │        │ 树立观念，全面提高对 │
┌──────────────────────┐          │ 为什么 │──│ 与课堂教 │──│ 怎么做 │        │ 教育信息化的认识   │
│ 优化课堂结构，提高课堂效率 │         │      │   │ 学相融合 │   │      │        └──────────────┘
└──────────────────────┘          └──────┘   └────────┘   └──────┘        ┌──────────────┐
                                                                           │ 勤于学习，不断提升信 │
┌──────────────────────┐                                                    │ 息技术的应用能力   │
│ 丰富教学方式，培养关键能力 │                                                     └──────────────┘
└──────────────────────┘                                                    ┌──────────────┐
                                                                           │ 研究教学，基于教学需 │
┌──────────────────────┐                                                    │ 要恰当使用信息技术  │
│ 支持教学过程，提升教学质量 │                                                     └──────────────┘
└──────────────────────┘
```

一、为什么要将信息技术与课堂教学相融合

1. 创设学习环境，激发学习兴趣

爱因斯坦曾说："兴趣是最好的老师。"良好的兴趣会激发学生的学习动机和学习热情。信息技术具有图文并茂、声像并举的特点，将信息技术与课堂教学相融合，可以为学生创设丰富而生动的学习环境，营造轻松的课堂氛围，让学生产生身临其境的感受，进而有效地调动学生各种感官的参与，增强学生的兴趣和学习欲望，引导学生更好地进入课堂学习的状态。

2. 优化课堂结构，提高课堂效率

新课程理念倡导以教师为主导、以学生为主体的教学方式，信息技术与课堂教学相融合将进一步优化课堂结构，更好地发挥教师的主导作用，更加尊重学生的主体地位。教师可以根据课堂教学的需要，利用信息技术整合教学资源，也可以基于学生学习的需求，通过信息技术优化教学设计，更有效地指导学生的学习过程。教师可以利用信息技术效率高、交互性强的优势为学生的课堂学习提供更加多样的学习环境和个性化的学习方式，为学生积极参与学习过程，发挥自己的

主动性和创造性提供良好的条件。信息技术与课堂教学相融合会促进课堂上教与学的活动更有序、更高效地开展，从而提升课堂的教学效率。

3. 丰富教学方式，培养关键能力

信息技术与课堂教学相融合可以开展更加多样的教学方式，如小组合作式学习、体验式学习、探究式学习，让学生在参与形式多样的学习活动中培养和发展关键能力。利用信息技术开展合作学习，即围绕学习任务或学习主题组织学生利用网络资源、多媒体技术、数字化实验设备等进行小组学习和研究，让学生在合作学习中培养主动学习的能力、收集和处理信息的能力、团队协作能力等。基于信息技术进行体验学习，即根据学生的认知特点和规律，通过信息技术为学生创设真切的、可体验的学习环境和条件，让学生在学习的过程中建构知识，提高学习能力和实践水平。应用信息技术设计探究学习，即根据课堂教学的需要，利用信息技术手段为学生创设探究条件，并为探究过程提供技术支持，让学生在参与探究学习过程中发展探究能力、思维能力、创新能力、展示交流能力等。

4. 支持教学过程，提升教学质量

信息技术与课堂教学相融合可以为课堂教学活动提供全方位的支持，提升教学品质，提高教学质量。应用信息技术可以为课堂教学整合更为丰富的教学资源，如图片、动画、视频等，为学生提供生动真切的学习情境，增强学生的学习体验。应用信息技术有助于突破教学重难点：信息技术可以将抽象的知识进行具体化、形象化的呈现，帮助学生更好地理解学习内容；信息技术可以向学生更加直观地展示实验过程，让学生全面地、细致地观察实验现象；信息技术可以为学生提供探究学习的环境，让学生经历发现新知的过程。应用信息技术可以在课堂上更好地实现个性化学习，信息技术可以基于情境来设计和呈现不同层次的学习任务，让不同学习水平的学生都能参与到学习过程中来，体会课堂学习的获得感和成就感。总体来说，信息技术融入课堂教学会让学生享受更有品质的学习过程，全面提高课堂教学的质量。

二、如何将信息技术与课堂教学相融合

1. 树立观念，全面提高对教育信息化的认识

教师要从思想上充分认识到将信息技术与课堂教学相融合是时代和教育发展的必然趋势，也是提升教学质量的重要途径。信息化社会对于优秀人才的要求有了新的定位和内涵，信息的获取、处理和应用能力是现代人才的重要标志。信息技术与课堂教学的融合，一方面可以为学生主体性和创造性的发挥创造良好的条件和环境，对培养学生的实践能力、创新精神和信息素养等有着重要意义。另一方面具有独特的教学优势，信息技术具有的方便快捷、信息量大、联动性强和交互性好等特点，可以为课堂教学整合丰富的教学资源，调动学生的学习积极性，提高课堂教学效率等，这些优势对于提升课堂教学质量有着重要价值。

2. 勤于学习，不断提升信息技术的应用能力

提升信息技术应用能力需要不断学习，勤于钻研。在学习过程中，教师可以采取多种途径。例如：基于学科教学的需要，购买相关的书籍、登录网络研修平台等学习常用软件的操作流程和方法；积极参加信息技术培训，系统学习信息技术在教学中的应用；主动向骨干教师学习，借助骨干教师在教学中积累的丰富的实践经验，提高自己学习信息技术的效率和效果；多参加示范课的观摩学习，通过学习示范课中信息技术的应用，增强应用信息技术的能力。提升信息技术应用能力还要注重实践，学以致用。学习信息技术应与自己的教学实践紧密结合，在实践中加深对信息技术应用的理解，在实践中提升应用信息技术的能力，在实践反思中优化信息技术在教学中的应用，进而全面提升信息化教学水平。

3. 研究教学，基于教学需要恰当使用信息技术

信息技术要与学科特点和教学需要相结合，恰当选择和应用信息技术为课堂教学服务。教师要认真研究学科教学，理解学科本质特征，基于学科特点把握信息技术与课堂教学的融合点，进而应用合适的信息技术。在教学中使用信息技术应遵循适宜、适度、辅助性和效益性四个原则：适宜原则即信息技术与课堂教学内容具有恰当的结合点；适度原则即信息技术在课堂教学中使用的频率应与教学

节奏和需求相吻合；辅助性原则即在教学中应清楚认识到信息技术只起到辅助课堂教学的作用，不能替代教师的创造性工作；效益性原则即教学中要注重应用信息技术的实效性，通过信息技术提高学生学习的积极性，全面培养学生的能力和素养，提升课堂教学的品质，进而取得良好的教学效益。

三、示例

下面以高中物理"电容器的电容"的教学为例，展示如何将信息技术与课堂教学相融合。

情境1	把直流电源、电阻、电容器、电流表、电压表以及单刀双掷开关，组装成实验电路。（如下图所示） 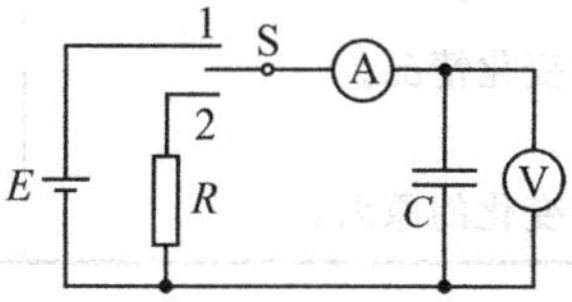 	设计意图： 实验引入，激发学生兴趣，引导学生观察实验现象。
课堂提问	(1)开关 S 接1，观察电流表、电压表示数如何变化。 (2)电压表示数维持在一稳定值，说明什么？ (3)断开电源，电容器上还有电荷吗？ (4)电容器所带电量为多少？如何计算？ (5)如何得到电流随时间的变化情况？	通过课堂提问引发学生思考，为下面的教学环节做好铺垫。
情境2	把直流电源、电阻、电容器、电流传感器组装成如下实验电路图。 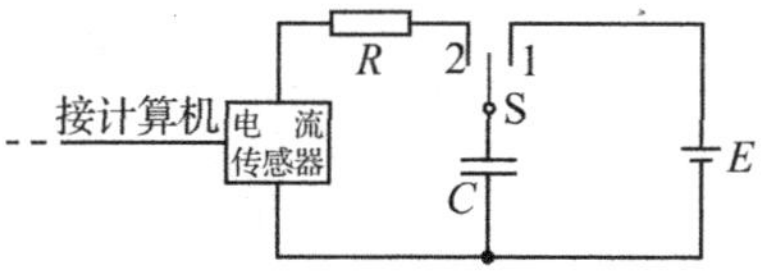 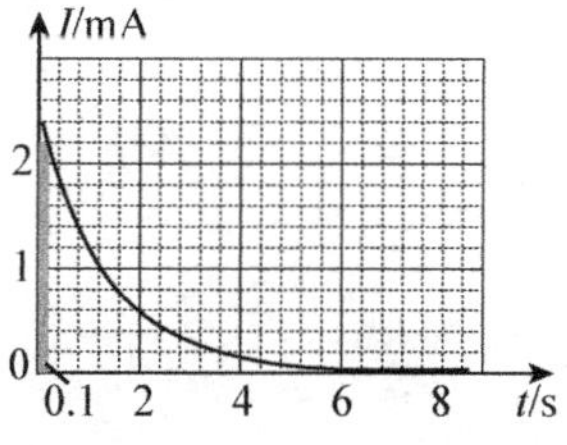 	设计意图： 通过数字化测量工具——传感器向学生直观展示电容器放电过程中电流随时间的变化情况，同时也向学生展示数字传感器在实时测量方面的优势。

课堂 提问	(1) 开关 S 接 1，电容器是什么过程？ (2) 开关 S 接 2，电容器是什么过程？ (3) 根据传感器测量结果，电容器放电过程电流如何变化？ (4) 图中狭长的图形面积的物理意义是什么？ (5) 能否根据电流随时间变化的图像计算电容器放电过程中释放的电荷量？如何计算？	教师基于传感器测量电流随时间变化的图像提出问题，通过问题引发学生思考，发展学生的科学思维。
情境 3	接计算机 电流传感器 R 2 1 S C E	设计意图： 通过问题引导学生思考电容器充电过程中电流的变化情况，并通过实验探究进行验证和定性分析，从而培养学生的科学思维、科学探究能力、严谨的科学态度等。
课堂 提问	(1) 若要测量电容器充电过程电流随时间的变化情况，上图电路应如何改变？ (2) 试猜测电容器充电过程电流的变化情况。 (3) 请通过实验探究验证你的想法。 (4) 试定性分析一下充电过程电流变化的原因。	

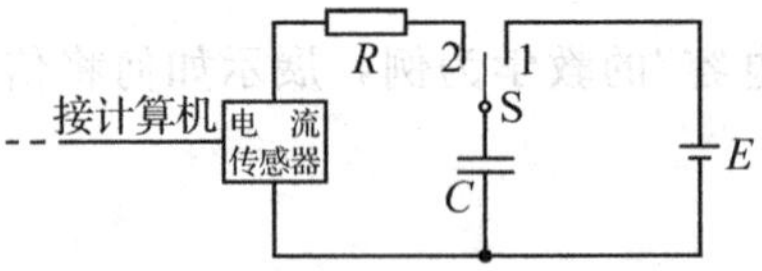

问题 11 如何开展听课与评课？

听课与评课是教学、教研工作过程中一项经常开展的活动。听课是教师同行或专家领导对课堂教学进行的观摩、观察和调研等活动。评课是在听课活动结束之后对课堂教学的成败得失及其原因做出分析和评估，从教育理论的高度对课堂上的教育行为做出正确解释的活动。

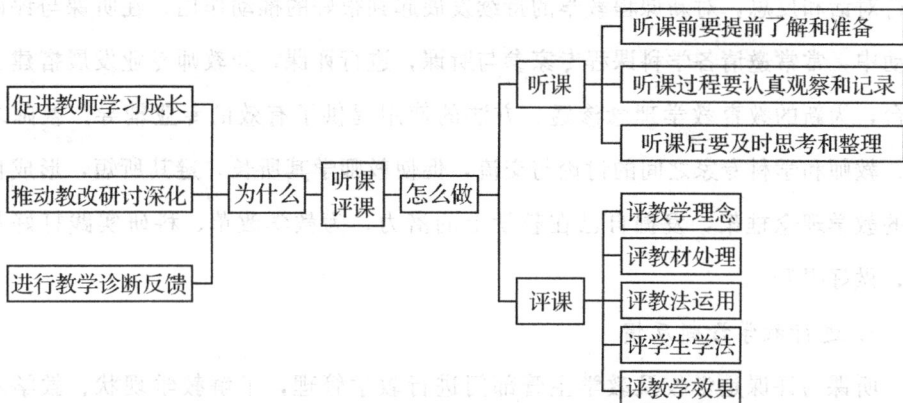

一、为什么要听课与评课

1. 促进教师学习成长

教师是教育教学活动的最终执行者，教师的教育理念和教学水平是决定教育教学质量的重要因素。无论听课者还是授课者，都能从不同的视角进行学习，不断成长。授课者对一节课的认真思考、整体设计和精心准备，促进了自己对教材的理解和教学的研究。听课者在听课的过程中了解其他教师的教学研究成果及呈现方式，对比自己的教学，反思改进，从他人那里获取了自己备课时缺乏思考的内容与方法。

刚刚进入教学岗位的青年教师，由于缺乏教材把握、知识呈现、课堂特殊情况处理等的经验，更需要多听不同教师的课，尤其是教学经验丰富的教师的常态课，如此才能兼收并蓄，学他人所长，丰富自己的教学经验，促进自身成长。

评课是提高教师的鉴别力、思考力和表达力的有效途径。尤其专家和名师评课，可高效帮助教师深入理解一节课的理念、内容、逻辑及表现，对促进教师学习成长具有事半功倍的效果。

2. 推动教改研讨深化

每一次课程改革，每一项教科研成果都需要通过听课与评课来完善。一线教师是新课程理念的践行者，在平时的教学中有很多困惑和发现，他们通过听课研究新课程，相互提供教学信息，在充分获取信息的基础上，围绕共同关心的问题进行对话和反思，对新课程教学的持续发展起到很好的推动作用。在听课与评课活动中，常常邀请各学科课程专家参与听课，进行评课，为教师专业发展搭建了平台，为新的教育教学理念渗透、方法的使用提供了有效的专业辅导。教师之间、教师和学科专家之间的讨论与交流，促使教师学其所长，避其所短，形成自己的教学理念框架，发掘自己在教学上的潜力，为教学改革、科研实践打好基础，做好提升。

3. 进行教学诊断反馈

听课与评课是学校及教学主管部门进行教学管理，了解教学现状、教学水平、学生情况并进行教学诊断的重要途径。

听课、评课后，学校及教学主管部门要将诊断结果及时提供给师生，以便调节教学活动，使之始终目的明确、方向正确、方法得当、行之有效。同时，听课、评课可以促进教师认真备课，研究教学。学校领导或同行听课，对教师而言，是压力，但也是成长的动力，这必然促进教师为了呈现最优秀的自己，认真备课，反复研究和推敲教学内容。优秀教师的成长，离不开大量被听课或进行教学展示的历程。而上级主管部门对学校进行检查诊断，可以促使学校各部门加强督促和管理，促使各学科教师认真进行集体备课，深入进行教学探讨，这些都能对学校教育教学工作的提升和发展起到很好的推动作用。学校及教学主管部门基于听课进行教学诊断，并将诊断结果反馈给教师及学校，可以帮助教师或学校了解、掌握教学实施的效果，反省成功与失败的原因，激励学校调整教学管理机制，激发教师教学的积极性、创造性，及时修正、调整和改进教学工作。

二、怎样进行听课与评课

听课与评课，听什么，记什么，评什么，是仁者见仁，智者见智的问题。但在新课程理念下，听、评课者，首先要确立指导思想，依据指导思想听课或评课就不会偏离方向。指导思想体现在三方面：一是促进学生的发展；二是促进教师成长；三是"以学论教"，以学生的"学"来评价教师的"教"。

(一)如何听课

教师间听课，为教师提供了学习、交流、成长的舞台。听课时，应关注以下三个方面。

1.听课前要提前了解和准备

听课者要有"备"而听，即做好听课前的准备。教师听课和学生听课的相通之处在于要提前预习。听课前，要先了解本节课的主题以及授课的主要内容。听课教师要提前了解教材的相关内容，掌握课程标准和课程实施的相关要求，并思考自己对本节内容的认识以及自己在备课时想讲哪些内容，重点和难点如何处理。青年教师在听老教师的课时，更要提前做好充分的准备。在听课前要先自主将相同内容的课完整地备一遍，这样，听课时才能带着自己的问题和思考去听课，从而使自己收获更多。

2.听课过程要认真观察和记录

听课的过程是对教师、学生及课堂氛围全方位了解的过程。教师在听课时，不仅要关注教师的教，还要关注学生的学，更要观察师生互动所形成的课堂氛围。

对于教师的"教"，听课时应重点关注以下几个方面。

主题和目标。听课起始，教师要了解学生要学习哪些知识，学到什么程度，最终达成的教学目标以及该目标的呈现方式等。

新课引入。问题情境引入是新课引入使用最多的方式。问题情境引入新课，既要建立在学生原有认知的基础上，又要与学生原有认知产生冲突，如此才能有效地激发学生的兴趣和求知欲。教学情境的创设不仅要巧妙、生动，而且要能够引起学生的兴趣，符合核心素养的要求，还要尽量真实，基于学生的真实体验。

教学内容。教师在听课过程中，要详细了解本节课的教学内容。例如，每部分内容包含哪些知识和规律，各部分内容是如何衔接的，逻辑顺序如何，等等。教师在听课的过程中要认真记录，记什么、怎么记，每个人都有自己的方法。需要提醒的是，青年教师在听课时，不仅要记下自己不知道的知识，还要将本节课授课教师的板书、知识的逻辑顺序记录下来，这样才能全面系统地理解授课教师整体教学设计的意图，才能对自己的授课有借鉴意义。

教学活动。新课程教学理念更注重以学生为主体。教师在听课时，要关注授课教师设计了哪些基于学生特点的教学活动。例如，设计了怎样的情境让学生去体验，设计了怎样的问题让学生去思考，设计了怎样的活动引领学生进行探究，安排了怎样的平台让学生交流、倾听及表达。

教学方法。它包括教师教的方法和学生学的方法，是教师引导学生掌握知识技能，获得身心发展的方法。听课者应关注授课教师采用了哪些教学方法和手段，效果如何。不同的教学内容，需要采用不同的教学方法去实现教师设计的教学目标。课堂教学无论采取什么样的方式方法，都应以学生置身其中为根本，以因材施教、启迪有方为原则。

教师素养。课堂教学是全面系统、多角色参与的活动，这对教师的素养和能力提出了较高的要求，要求教师具有较强的组织能力、语言表达能力、课堂调控能力、机智果断处理课堂突发事件的能力等。教师的仪态仪表、板书字体等，都会影响课堂教学的效果，甚至对学生的未来产生深远的影响。

听课者不仅要关注教师的"教"，还要关注学生的"学"。对于学生的学习活动，主要关注学生学习中的四种状态。

参与状态。看学生是否主动参与，是否全员参与，参与的范围有多大；教师设计的活动能否为不同能力层次的学生搭建台阶；课堂上是否有多向信息联系与反馈，学生活动的时间是否充足，是否有良好的合作氛围。

情绪状态。看学生是否有适度的紧张感和愉悦感，能否自我调控学习情绪。如果课堂活动能够有张有弛、动静结合、收放自如，则说明课堂处于一种良好的情绪状态和课堂氛围。

认知状态。看学生是否具有问题意识，敢于发现问题、提出问题，发表自己的见解。看学生提出的问题是否有价值，探究过程是否积极主动，是否具有独创性。

习得状态。看学生在课堂学习过程中对知识的理解和把握情况，对方法的掌握和运用情况，在课堂学习中的收获情况。教师通过学生在课堂中的表现，对学生的学习收获进行评价。

3. 听课后要及时思考和整理

古人云："为学之道，首在集积。"教师在听课后，要对课堂上记录的内容及时整理。在整理时，要进行换位思考：授课教师为什么要这样处理教材，换个角度行不行；如果是自己来上这节课，应该怎样上；新课程的理念、方法和要求到底如何体现在本节课的教学过程中，并内化为教师自觉的教学行为；授课教师在教学中有哪些值得自己学习的地方。"教学有法，教无定法"，每位在教学一线工作多年的教师，都会形成自己的教育理念和教学特色。"三人行，必有我师"，建议教师抓住一切机会，多听优秀同行的课，从每个人身上发现特长，并学习他人所长。

(二)怎样评课

评课是听课的延续与反馈，是学术交流活动中最直接有效的方式。授课者在授课结束后，希望能够听到来自不同层面的反馈，尤其是同行的反馈。评课者在评课时，一定要围绕已确定的目标进行，做到既有理论阐述，又有具体的教学建议，保证说服力和可信度。评课要根据上课教师提供的课堂教学实例，交流教育理念与教学思想，总结教学经验，探讨教学方法。评课使授课教师和听课、评课教师在一个课堂教学实例中交流心得、学习经验、汲取方法、改进不足，以达到共同提高教学水平的目的。

评课可以围绕以下五个方面进行。

评教学理念。教学理念是教学的出发点和归宿。从教学理念这一视角出发，依据课堂教学活动的实例，评议新课程理念在课堂教学中的体现。新课程理念包括：以人为本、面向全体，培养和发展学生的核心素养；体现学生主体地位，重视提供不同层次学生的学习机会；注重学生可持续性发展能力和创新精神的培养。

评教材处理。教学不能脱离教材。评课者要看教师对教材的组织和处理能力，评议教师对教材知识内容和体系把握是否准确科学、教学重点是否突出、教学难点是否突破有效、教授内容多少是否符合学生的接受能力等。

评教法运用。从教师对教学方法处理的角度，评议教师在课堂教学中所运用的教法是否符合学生心理特点和认知能力。例如：是否创设问题情境，引导学生积极思考，调动学生的学习积极性；是否全面规划教学任务，培养学生的思维能力；是否在关注学科知识基础性的同时，强调与现实生活、学生经验的联系，强调实际应用；等等。

评学生学法。对教师在课堂教学中对学生学法指导的情况进行评议。例如：是否将新授知识转化为学生感兴趣的问题，从而促使学生积极主动地学习；能否从学科内容与特点着眼，针对学生的年龄差异、心理特征、学习基础、学习方法、学习速度、思维特点等方面进行相应的指导。从新课程改革的要求来看，还需关注教师是否注重培养学生在观察、操作、讨论、质疑、探究的过程中，在情感的体验中学习知识、完善人格。

评教学效果。对教学内容的完成程度、学生对知识的掌握程度、学生能力的形成程度、学生思维的发展程度等方面进行评价。例如：教学设计是否注意联系学生生活的实际，从而使学习变成学生的内在需求；教师是否注意在课堂上体现师生民主平等，互相尊重，给学生获得成功的机会，使学生情感的需要、自我实现的需要得到满足，从而使学习变成学生的内在需求；教师是否坚持因材施教，让每一个学生在其原有基础上更好地发展；教师是否面向全体学生，关注学生的和谐发展和可持续发展。

三、案例分享

以下是一位青年教师分享的他多次听课的感触与体会。

本人作为新入职的青年教师，在入职第一年坚持跟本年级A、B两位优秀教师旁听学习。在入职第二年，又跟随C老师旁听学习，收获颇丰，在此谈一谈作为新入职的教师在听课方面的感触与体会。

在听了三位经验丰富的教师的课之后，我体会到每位教师都有自己的教学风格，各有各的闪光点，而各位老教师的闪光点，是最值得我学习的地方。A老师的课，内容十分丰富，在讲授教材和学案内容之余，拓展了很多有趣的知识、例题，或者对学案上的例题做进一步的情景追问。作为新教师，很少有获得教学素材的渠道，因此每次听A老师的课，都会收获满满。B老师的课，可以用"精彩"两个字来形容。这种精彩不在于内容的丰富，而是在于能够把深奥的知识和枯燥的例题讲得生动且互动性强。B老师很注重知识与知识之间的联系，往往从讲故事出发，或用一张图片，或用一条新闻，引出本节课要学习的问题，让学生运用新知识解决问题，从而使他们感受到自己所学的知识并不是虚无缥缈的，而是贯穿在日常生活中的。除此之外，B老师的板书，可谓赏心悦目，这也是值得青年教师学习却又难以企及的地方。C老师是一位非常细心的教师，对教材的把控以及高考方向的分析，精准到位。C老师更注重教材的使用，引导学生翻阅教材，品析教材中的一字一句。教材往往是有些教师在阅读中最容易忽略的，也因此没有发现教材中的内容还有很多可讨论的地方。C老师常说："现在的高考与教材的联系越来越紧密，很多的题目实际上还是源自教材。"

评课者在评课时不用面面俱到，可以围绕本节课对听课者印象最深、最受启发或者最希望对方改进的地方进行交流。一位著名特级教师，在一次评课时，从五个维度进行了评价。

第一，有主题。本节课授课主题突出，教师所有的知识内容、学生所有的活动和实践都是围绕同一主题开展的。第二，有层次。授课教师安排的每一个课堂活动目标明确，层次清晰，能够启发学生思考。同时，课堂活动具有生成性，能够促进学生对知识的深入理解及建构。第三，有体验。本节课在问题引入、活动的设计上都体现了以学生为本，注重基于学生的真实体验，解决真正的问题。第四，有引领。课堂教学不仅有知识方法的引领，更应有思想和眼界的引领，如此才能帮助学生树立"学以致用"的观念。第五，有氛围。课堂的良好氛围，能够促进师生互动、生生互动。在互动过程中，教师要鼓励更多的学生参与其中。

该特级教师在对同行的建议中指出，在与学生的交流中，教师要设计追问的环节，启发学生的深度思考。教学过程中的设问，既要有设计好的问题，也要有教学内容推进过程中新生成的问题，教师只有对教学有深入的研究，才能启迪有方，随机应变，把握教学的方向。

总之，一名优秀教师的成长过程中离不开听课与评课，以及在听、评课后进行的教学反思。听课—评课—反思的过程，可以促使教师养成终身学习的习惯，学会反思，自觉地改进自己的教学行为，进而提升自身的教学水平。这一过程，也是教师走向成功的铺路石。

问题 12 如何进行教育教学反思?

教师的教育教学行为具有很强的实践性,为了达到令人满意的教育教学效果,教师需要对自己的教育教学行为与过程不断地进行观察与思考、分析与考量、调整与实践,这就是教育教学反思。

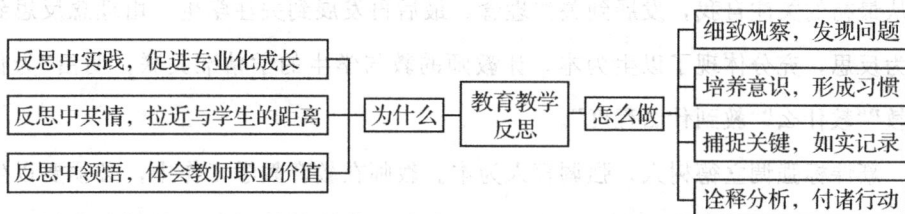

```
反思中实践,促进专业化成长 ┐                          ┌ 细致观察,发现问题
反思中共情,拉近与学生的距离 ├ 为什么 ─ 教育教学反思 ─ 怎么做 ├ 培养意识,形成习惯
反思中领悟,体会教师职业价值 ┘                          ├ 捕捉关键,如实记录
                                                        └ 诠释分析,付诸行动
```

一、为什么要进行教育教学反思

1. 反思中实践,促进专业化成长

教育教学反思是促进教师专业成长的有效、必要途径之一。青年教师的发展,既需要在入职前学习专业知识,又需要在入职后通过自修不断提升专业素养。教育教学反思是教师走向专业化发展道路的捷径。

美国学者波斯纳认为,没有反思的经验是狭隘的经验,至多只能成为肤浅的知识。如果教师仅满足于获得的经验而不对经验进行深入的思考,那么他的教学水平的发展将大受限制,甚至有所滑坡。为此,波斯纳提出一个教师成长的公式:教师成长=经验+反思。

反思已成为教师专业化发展的核心要素,是教师成才的必由之路。教育教学反思的过程是教师对自己教育教学实践再认识、再思考的过程。青年教师在工作中难免会遇到各种难题,囿于各种困惑。通过反思,教师可以不断审视自己的教育教学行为,改善教育教学方法,进而更新教育观念,提升教学质量,提升自己的专业素养。

2. 反思中共情，拉近与学生的距离

教育专家于漪老师曾提出"三次备课两次反思"的观点。第一次备课是独立备课。第二次备课广泛参考各种资料，同时进行第一次反思。反思三个问题：哪些内容教参上想到了，我也想到了；哪些内容教参上想到了，我没想到；哪些内容教参上没想到，我想到了。第三次备课是教完再备，同时进行第二次反思，即对课堂教学的实际情况进行反思。备课过程中两次认真而深刻的反思，可以让备课内容不断充实，备课质量不断提升。更为重要的是，通过这样不断的反思，教师会从最初的关注自我，发展到关注理念，最后再发展到关注学生。由理念反思到行为反思，充分体现了以生为本，让教师的教与学生的学精准关联，明白"为什么教""教什么""教到什么程度"。

新课标强调立德树人，强调育人为本。教师在教育教学工作中，必须要以生为本，关注学生的主体地位，不能把学生仅仅当作施教的对象。教师在进行教育教学反思的过程中，离不开对学生情况全面、具体、细致的观察，以及对施教后学生状态的深入反思。这有利于与学生共情，拉近师生间的距离，强化教师以生为本的思想理念。

3. 反思中领悟，体会教师职业价值

教师以研究的态度对待自己的工作，以客观的视角审视自己的工作，在改进提升中享受教育的快乐，不但可以促进个人发展，而且可以坚定自己的教育理想。苏霍姆林斯基说过，如果你想让教师的劳动能够给教师带来一些乐趣，获得成功，那么，就应当引导每一位教师走上研究这条幸福的道路上来。

在把感性认识上升为理性思维的过程中，教师还可以提升思维品质，升华思想境界，感受到个人情感上的愉悦，体会到自己工作的价值和意义。教育教学反思不但可以促进教师的专业化成长，而且可以给每位教师的教育工作生涯增添色彩与活力。

二、如何进行教育教学反思

1. 细致观察，发现问题

研究发现，专家型教师善于在行动中获取知识，不断反思自己的经历并对自己教与学的理念提出质疑。所以，作为一名青年教师，要想实现自己的专业化发展，需要对自己的教育教学实践进行细心的观察，去发现、解决在教育教学工作中出现的问题。

2. 培养意识，形成习惯

要有反思的意识和习惯。教师成长的过程就是不断反思、重构自己对教育教学理论与实践基本看法的过程。教师要形成自觉反思的习惯，对原来的教育教学经验不断地审视、修正、强化，去伪存真，去粗取精，将经验提炼、升华。久而久之，便能够促进自身的专业成长和素养提高，进而形成自己的教育教学风格与体系。当然，教学反思不是自我否定，而是一种批判性思考，不能只是浅层次的检讨，而是要不断革新自己的观念，完善自己的做法。

3. 捕捉关键，如实记录

教育教学反思首先要记录教育教学过程中的优点、特色。比如，有价值的学生活动，圆满的师生谈话，教学中重难点的顺畅突破过程，教法、学法上的创新等。教师要详尽地记录这些优点，使之成为自己独特的资源财富，为以后的教育教学工作提供借鉴。其次，要记录教育教学过程中的不足与失败，使教师认真冷静地剖析，找到问题的解决方法。最后，要记录教学灵感和学生见解，师生在教与学实践中的交往是双向的，师生的思维发展和情感交融，会产生瞬间的灵感。这些智慧的火花常常是不由自主的，若不及时捕捉反思，可能会因时过境迁而烟消云散，及时记录和反思十分有必要。另外，学生是学习的主体，他们往往会有一些独到的见解，对这些见解的体察、了解、肯定与完善，有利于教师了解学情、洞察问题、拓宽思路。

4. 诠释分析，付诸行动

根据记录还原的教育教学情境，教师要进行深入研究与分析反思。

从学生的角度反思：学生对本节课（或活动）是否有兴趣？学生课堂（或活动）参与的广度与深度怎么样？学生的学习能力与本节课的预设是否相符？学生在这次活动中的收获有多大？

从教师的角度反思：课堂（或活动）实践过程中各个环节的安排是否合理，节奏是否适中？在突发问题出现时，教师处理是否恰当，能否更好？这节课（或活动）是否达到了预期的效果？

从解决问题的角度反思：问题出现的原因在哪里？如何才能解决问题？有什么经验可以借鉴？可以通过哪些渠道去了解更多的信息？接下来我应该怎么做？以后我还可以怎么做？

教师在教育教学活动完成之后进行系统的反思和研究，形成新的教育教学方式、策略，再运用到下次的教育活动中，付诸实践，如此循环能够提高自身的教育教学水平和科研能力。

同时，教育教学反思促使教师在实践中研究，在研究中积极建构，既拓宽了教育科研渠道，也提升了科研意识。孔子曰："学而不思则罔，思而不学则殆。"教学之"思"，离不开学习，向教育实践学习，向同行前辈学习，反刍已有的教育理论与思想，产生新的教育智慧与理念。

思之则活，思活则深，思深则透，思透则进。教育教学工作中，教师需要不断反思，对教育教学过程进行回顾、分析和审视，形成自我反思的意识和自我调整的能力，从而不断丰富专业素养，提升自我发展能力，逐步提高教育教学水平，实现自我价值。

三、样例

基于学校自我诊断的自我反思

学校自我诊断，是我校每学期教育教学工作的一件大事，是一次考试、一次体检。每次拿到自我诊断报告，就如同查看自己的体检报告单一样忐忑不安。该如何看待学校自我诊断，如何利用自我诊断的数据来查摆问题、寻求方法、提升自我。面对这些问题，我对自我诊断的"班主任部分"进行了一些研究与实践探索。

1. 研究诊断考核内容，明确要求、引领方向

班主任自我诊断设置的问题包括"全人教育""个性化教育"和"班级管理"三部分。

第一部分全人教育："班主任常进行实用、有效的安全教育，帮助我提高自我保护能力。班主任注重培养我的良好品德和习惯，并引导我们更多关注社会。"这一部分促使我对全人教育有了较为深入的思考：教育过程中一方面，要尊重每一个个体，挖掘他的特质，挖掘他作为一个"人"的特征，成为一个完善的人；另一方面，还要关注学生的社会价值，使学生学会合作、有公共意识和人文精神，为其承担社会角色做好准备。因此，我找到了班主任工作整体引领的方向：让学生学会知识、学会做人，形成健全的人格，在此基础之上，促进学生的全面发展、和谐发展、持续发展。

第二部分个性化教育："班主任能够真诚、平等地对待学生，公正地解决问题。我在班主任心中有较高的位置。班主任了解我，能根据我的特点与个性给予我指导和帮助。"这一部分提醒我，在工作中要以生为本，关注每一个学生。尊重学生的个体差异，尊重其自身发展的轨迹。不拿一把尺子衡量所有学生，让每一个学生按照自身的发展速度，从原有水平向更高水平发展。根据学生的个性差异，量身定制教育的方法，因材施教。基于以上理解，我告诉学生："做最好的自己，超越自己。"

第三部分班级管理："班主任能有针对性地开展教育活动，形式多样，让我总有收获。班主任能创造充满正能量的班级氛围和整洁的学习环境，使我很有归属感。班主任能有效指导学生参与班级管理，定期开班会并针对本班问题及时分析和解决。"要实现自己的教育理念，需要有具体的方法来管理班级，这是每一个班主任必须要认真完成的考卷。如何建构班级管理机制，发挥每名学生的主人翁意识，培养他们的家园情怀；如何通过一系列教育活动有计划、有针对性地实现教育目标，形成良好的班风。这些都需要教师了解学情、寻求途径、规划目标、设计活动。

自我诊断的三个方面，就像是三道考题，需要作为班主任的我，认真思考、精心设计、积极实践。

2. 研究自我诊断数据，查摆问题、分析成因

拿到自我诊断结果，有一页引起我的关注，"我在班主任心中有较高的位置""班主任能创造充满正能量的班级氛围和整洁的学习环境，使我很有归属感"两项得分较高，"班主任能够真诚、平等地对待学生，公正地解决问题"得分略低于年级平均分。

虽然是略低于平均分，但我还是有些沮丧。因为我自认为对所有孩子都是一样的关爱、平等对待，遇事不会有所偏袒。但学生的感受和我的初衷并不同，说明我的言行传递出的信息，让个别学生有了不准确的理解。经过认真反思，我觉得最大的可能是我对学生要求比较高、管理比较严，在教育学生时，有时比较急躁，又比较较真，这让一些学生心生委屈。特别是七年级上学期，刚刚和学生接触，相互了解还不够，感情还不深。如果工作没有做细、做透，没有体察到学生的感受，缺少有效的沟通，就会出现这样的结果。

3. 关联多方信息，调整思路、解决问题

八年级下学期，诊断结果出来后，我又发现了令我感到意外的一组数据，有四项得分都要低于年级和学校平均分。为解决问题，我找出八年级上学期的诊断结果，看到上学期这四项得分还是远远高于年级和学校平均分的。这半年发生了什么，让学生有了不好的体验呢？问题出在哪里？为什么出现了自己单方面感觉良好的现象呢？

为进一步认清问题，我又细致地研究了相关数据，发现有至少5名学生觉得教师对他（她）关爱不够、关注不够，至少6名学生觉得班级活动开展不够、学生参与班级管理不够。

八年级下学期，离中考越来越近，我带着他们组建学习小组，利用中午时间督促他们学习，连放学后也要辅导他们到很晚甚至顾不上同样要中考的女儿。想到这儿，我突然意识到一个问题，七年级时我们在做什么呢？社会实践、远足踏青、辩论赛、戏剧展演……我明白了问题所在：一是有反差，二是少沟通。

因此，我利用班务时间和学生进行了推心置腹的交流。与他们达成共识：一是随着年级的升高，中考的临近，学业任务增多是必然的现象；二是学业紧张的情况，是需要通过开展一些活动来舒缓情绪、调节心态的。马上就做！我和他们共同商量活动方案，设计有利于舒缓压力又不会影响学习状态的班级活动，紧张的学习生活中，又有了欢声笑语。

沟通与认同是最好的解药，师者的仁爱之心应该是理解与包容。

班级管理部分的问题还是很好解决的，个性化教育的问题就难了。因为，我真是想不到哪些同学会觉得我对他们关爱少，哪个学生没在老师的心里呢，各个都在啊！其实，与自己的不解和困惑相比，更让我难过的是这几个学生，他们觉得自己在老师心中不重要。学生心里得多委屈啊——这让我寝食难安。

首先，我开诚布公地把自己真实的感受告诉学生："知道了有些同学的心理感受，老师很难过，也很自责。看着你们一天天长大，感情越来越深，你们每个人都在老师的心里。如果有问题、有困难，在老师没有和你沟通的时候，希望你主动找到我，我非常愿意帮助你。良好的关系，需要我们师生共同建构。"

随后，我在教室讲桌里放了一个盒子，贴上名字"解忧杂货铺"（这是当时他们特别喜欢读的一本书的名字）。我对学生说："有心里话想对老师说的同学，可以写信放到盒子里，老师给同学的回信也会悄悄放回盒子。"从那天开始，每天早晨到教室，翻看盒子是我非常期待的一件事情，因为那里面有知心话，也有意想不到的小礼物——一块糖、一朵花，我和学生又多了一个沟通的方式。

此外，我也逐个排查、反思，看看与哪些学生平时沟通少，主动找他们交流谈心。这次摸排，也让我受到了触动：平日里安安静静，很少表露感情的学生，在我与她深入交流时，也会表现得很兴奋——每一颗心灵都需要关注；一直被老师认可，在赞扬声中成长的学生，也有苦恼和无奈——我们自认为提供了最好的条件，但有时也是无形的压力；一个经常和我交流的学生曾哭着对我说："老师，你们说的都对，可是对我来说太难了，我做不到。"——每个学生都是独特的，适合学生的才是最好的。

当我从繁杂的事务中抽身出来，耐心地去倾听每一颗心跳时，我越发感觉到，师者的仁爱之心，是平等与共情，是让每颗心灵都得到滋养。

　　九年级上学期，自我诊断结果出来了，问题得到了解决。原来标红的四项，都得了满分。与分数相比，更让我欣慰的是看到了学生的成长和自己的提升。出现问题不回避，不掩饰。向学生坦承内心的困惑，邀请学生共同探讨解决方案，学生与我共同建构着我们的生活。感谢我的学生，让我感悟到了师者的幸福和责任，他们送给我一颗颗真心，我精心收藏，放在心头，哪一颗都不能放下。

　　一次比较成功的经历，能给自己带来极大的成就与愉悦。但教育工作的长期性、复杂性，学生个体的差异性、多变性，都会让我们在实际工作中遇到很多新问题、难问题。用心观察、客观判断、认真反思、寻求方法，对问题的解决和对自身专业能力的提升都有着非常重要的作用。

问题 13 如何进行教育叙事研究？

教育叙事，即讲述有关教育的故事，它是教师叙述教育教学中的真实情境的过程。教师通过教育叙事展开对现象的思索，对问题的研究，对经验的总结，对理念的深化。

人类最早用结绳的方式记录事件，一条长长的绳索，一个个生动的符号，记录着生活的曲曲折折。人类在对事件的记录中，反刍自身经历，形成实践性经验，不断发展、进步。教师的专业成长是一个持续发展的过程，同样需要在教育活动中不断实践、反思、提升。特别是刚刚走上工作岗位的青年教师，尤其需要反观和修正自己的教育教学行为，以尽快适应教师角色，提高教育教学水平，形成个人教育风格。

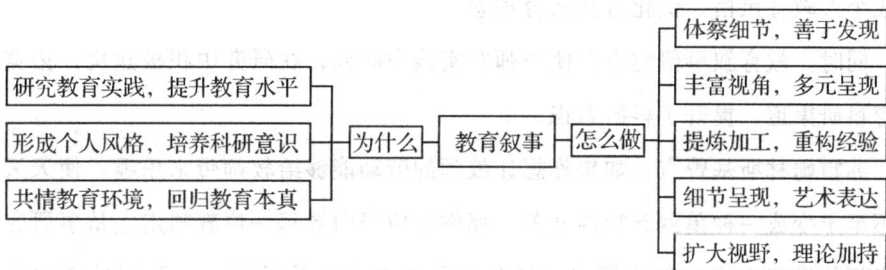

一、为什么要写教育叙事

1. 研究教育实践，提升教育水平

提升教育教学水平，实现教师专业化发展，是每一名青年教师的主要任务与目标。对于教育，杜威指出，在各种不确定的情况中，如果有一种永恒不变的东西可以作为我们的参考，那就是教育与个人经验之间的有机联系……以经验为基础的教育，其中心问题是从各种现时经验中选择那种在后来的经验中能富有成效并具有创造性的经验。教育叙事所显现的经验正具有这样的特点。

教育实践中迸发出来的灵感往往是短暂存在的，教师要以叙事化的方式及时记录自己的想法、经历、经验，以叙事的形式记录自己的教学过程、教育事件，在完成之后进行系统的反思和研究，进行自我评价。这个过程中可以不断产生并固化有益的教育教学经验，形成新的教学方式、教学策略、教育技巧、教育理念，以运用到下次的教育教学活动中，付诸实践。如此循环能够促进教师提高教育教学工作能力和水平，提高教育教学质量。

2. 形成个人风格，培养科研意识

教师教育思想的来源主要有三个方面：一是书本中习来的教育理念与理论知识；二是其他教师的教育教学经验；三是自身实践、反思获得的经验。对于一名青年教师来讲，自我教育尤为重要，它既是总结自身教育教学经验的必需，也是践行教育理念的途径，还是内化他人经验的渠道。

教师在教育叙事中不断反思自己的教育教学行为，是在不自觉地走向自我教育之中，促使自己不断学习，成为终身学习者。在碎片化的教育教学行为中，教师不断沉淀宝贵经验，形成对教育的理性思辨，促进其教育认知逐渐多维多元，形成个人教育风格，优化自我教育理念。

同时，教育叙事研究也促使教师在实践中研究，在研究中积极建构，拓宽了教育科研渠道，提升了科研意识。

苏霍姆林斯基曾言，如果你想让教师的劳动能够给教师带来乐趣，使天天上课不至于变成一种单调乏味的义务，那你就应当引导每一位教师走上从事研究这条幸福的道路上来。叙事研究是诞生原创性教育理论的沃土。开展教育叙事研究，有助于丰富教师自己的教育典型案例，进行教师自己的教育阐释，创造属于教师自己的教育理念。

3. 共情教育环境，回归教育本真

教育叙事加深了教师对学生、教育环境、教育理念和教育行为的理解程度，增加了观察学生、倾听自我的机会，帮助教师与周围的教育环境共情。在记录的过程中，教师会重温、再现教育情境，会深入体察、描述、思考学生行为与教师行为，也会主动对教育的认知与理解进行重新定位。平时我们不曾留意的学生的一个表情，一个举动，一番话语，在叙事中都会变成特写镜头，被教师关注、体察，进而理解、共情。

反思中实践的教师不会盲目冲动，会适时打破原有惯例和传统，理性地思考教育现象，反观自己的初心和现实的关系，回归到教育的本心。同时，教师在自我审视中与自己对话，也能与自己的负面情绪和解，更加理性地面对问题。

二、如何写教育叙事

1. 体察细节，善于发现

教育叙事写作的关键在于"发现"，教师要善于从纷繁复杂的教育生活中发现那些有价值的微小事情，并从这些具体事情中发现蕴藏其中的教育问题、教育现象，由此对这些问题、现象进行有针对性的思考和探讨，找到教育方法，领悟教育规律。

在教育教学工作中，有很多教育事件值得记录与反思，它可能是一次精彩的教学活动，可能是一次糟糕的教学体验，可能是精心设计的一个教育活动，还可能是学生管理中的"突发"事件。这些都是教育叙事生动、精彩的基石。小细节、小感动、小成长，一个眼神、一个微笑、一个表情、一种声音，这些也都可以是故事的来源，教师对这些事件进行细致描写、情境再现，是对教育教学生活智慧的呈现和梳理。

很多教师，特别是青年教师都经历过"尝试—失败—再尝试"的过程，都有"预设"与"生成"难以调和的经历。我们常会在课后不自觉地形成这样的思考：在这堂课中，哪个教学设计取得了预期效果？哪些精彩片段值得仔细品味咀嚼？哪些突发问题始料不及？哪个环节出现了纰漏？为什么会出现这样的问题？再遇到这种突发情况应该怎么应对？班主任工作的反思更为直接。比如：某个学生的问题如何解决？怎么能让学生接受信任自己？怎么通过科学的班级建设形成良好的班风？如何解决反复出现的问题？如果再给自己一次机会，哪些细节将做得更好？可见，观察和描述自己的教育教学行为，对实际工作的自我设问，对教育教学行为成效的关注，都是教育叙事的素材来源。

久而久之，教师的教育敏感度就会提升，教育智慧就会加强。语文教师在指导学生写作文时通常会告诉学生："要想写好作文必须要有一双善于发现的眼睛，要去观察生活、感受生活、记录生活，做一个有温度的人。"教师也同样需要做这样一个有温度的人，细心观察、温情感知，进而理性思考、睿智成长。

2. 丰富视角，多元呈现

教育叙事可以从教师的视角反观学生的行为和教师的实践。这往往是以小见大，一个个微小的发现，可能是对学生一个表情的解读，可能是对学生一次行为的分析，可能是对教师课堂某一个问题设计的反思，也可能是对某一个教学环节的回顾。

教育叙事也可以主体翻转，从学生的视角来叙事，以学生为叙事主体，再现教育情境，呈现学生的心理感受。可以直接让学生来反思、记录事件，也可以由教师转述学生的体验，这样教师就可以换位思考，走进学生的内心世界，最大限度地还原事件本身。学生在口述或写作过程中，会重构情境，再现过程，不仅会获得直面问题的勇气，而且会重新审视和分析之前存在的问题。这样，可以从根本上增强学生的自我控制意识和能力。同时，教师进行角色代入，也会更加理解学生，实现师生的共情。

教育叙事还可以对教育事件或教育中的某些项目进行长期记载，并在实践中不断优化，最终实现学生和教师的共同进步。教师可跟踪记录某一个或几个有特点的学生或者对整个班级进行长期的记录。这是问题导向、针对性更强的教育叙事。记录时间的拉长，使教育叙事由捕捉灵感转为专题研究。教师可以从自己所坚持的教育理念入手，通过自我剖析，逐步形成自己的教育风格。

3. 提炼加工，重构经验

教师们搜集到了最为真实、鲜活、生动的素材后，需要对这些素材进行提炼、加工。一件单纯的教育事件如果不加任何提炼，不做任何思维加工，可能事件还是那个事件，给人的思考和启示会非常有限。如果对这个事件进行深加工、精处理，将类似事件做综合思考，就有可能获得更深刻的启示。

一个成熟的教师对教学活动的反思决不会停留在对事件的简单回忆上，他知道必须将自己的教学经历置于更为理性的背景下去解读，由此将生成一连串高质量的问题。比如：这个观点是否契合"双减"要求；是否符合"新课程方案""新课标"的引领？作为班主任也会产生类似的问题。比如：自己费尽心思、筹划多日的班会为什么会出现意想不到的结果？支撑班会的思路是不是出了问题？是否符合立德树人的理念？教育叙事需要教师对所叙教育事件进行深入思考，总结经验，使其具有一定的经验意义和理论思维。

4. 细节呈现，艺术表达

教育叙事是在讲述教育故事，故事要有人物、情节、环境，要呈现细节画面，要让读者身临其境。教育内涵往往就体现在细节中。在课堂上，学生的一句话、一个手势、一个眼神，教师的一个教学内容的处理、一个教学环节的改动等都是细节。一位教师的教育理念、教学能力在细节中可以得到充分的体现。在教育叙事中，要全景展示教育场景中教师、学生以及其他主体的全貌。

要用细致的描写、生动的语言、充沛的情感，让教育叙事向更细腻、更审慎、更丰富、更人性化的方向发展，让教育叙事呈现出教师的人生情趣、人文素养与教育情怀。但同时也要注意，不能因过度文学化而导致真实性的偏移，无论是自己教育实践成果、经验、收获的记录，还是教学实际遭遇、困惑、迷茫的反思，都应还原教育教学事件本真。

以教育叙事的形式进行教学探究，与教育工作至真、至纯、至美的本质是呼应的，是教育作为"完整的人的研究"在写作中的进一步实践。

5. 扩大视野，理论加持

教师的教育叙事，直接从日常的教育现象、教育行为入手，反映真实的教育生活，促使教师进行教学反思，以实现教师的专业成长。这背后离不开教师对相关教育理论知识的重温与学习。

写好教育叙事，教师需要多写——体察、记录、反思、改进，形成一种思维习惯、做事习惯；多看——关注同行撰写的教育故事，从他人的工作经验中获得写作的灵感、叙事的方法、反思的角度；多读——通过读书提升阅读视野，可以读普通的文学作品、专业期刊、名家的教育专著、教育心理学著作等。除此之外，教师要通过学习，掌握最新、最前沿的教育理论，充分了解多学科知识，提升自身的理论素养。

　　不断反思的实践是教师职业的特性。教育叙事让我们明白，学科研究、专业成长永远不可能一蹴而就。教师以教育叙事的形式诠释生活，在教育叙事中实现自我观照、自我推进、自我研究，从而成就学生，成就事业。

三、样例

　　刚放学，忽然下起了雨，淅淅沥沥，丝毫没有停下来的意思。唉，真是倒霉，昨天考试，学生的平均分不如别的班。现在，我没有带伞，老天居然下起了雨。下吧，下吧，反正我心灵的天空也正淫雨霏霏。

　　雨越下越大，我漫不经心地走进雨幕，任由风雨吹打着我疲惫的身心。突然，一个男孩冲了过来，把他的伞撑在我的头顶，为我营造了一方晴空。原来是性格内向、言行拘谨的他。……记得第一次请他上讲台，他手足无措、满面通红，极不情愿地走上讲台。听到了同学们的窃窃私语，他眼睛里蓄满泪水，无助地望着我，目光中注满痛苦。我投给他鼓励的目光，拍拍他的肩膀，说："我知道你做了充分准备，只是当着同学们的面默写会紧张，你别紧张，别怕！"虽然，他的默写并不太好，但我带头给以热烈的掌声。因为我了解到，自打进入初中以来，他就成了被大家遗忘的对象。现在，忽然得到大家的掌声，或许，他内心的孤寂和沉闷已经消失，沉积许久的坚冰也会在顷刻间消融吧。下课后，我送给他一张字条。……如今，在伞下，他滔滔不绝，一脸的真诚，与先前蜷缩在教室一角的他形成鲜明的对比。孩子的心是透明的，不含任何杂质与灰尘，你对他真心一点、平等一点、关爱一点，他就会心满意足。与学生的真诚信赖、渴求进步相比，平均分不如人家又算得了什么呢？教师活在世界上，就是与学生共存的。我坚信，一生与学生相伴，时时撒下理解与信任的种子，将会收获万里晴空。

问题 14　如何制定班规？

班规是班级制度文化的一种体现，是指在班主任的引导下，学生全员参与，根据相关规范、守则及本班共同确定的努力目标而制定的，要求全体成员共同遵守的行为规范或者行动准则。班规是体现班集体共同意志和利益的行为规则。

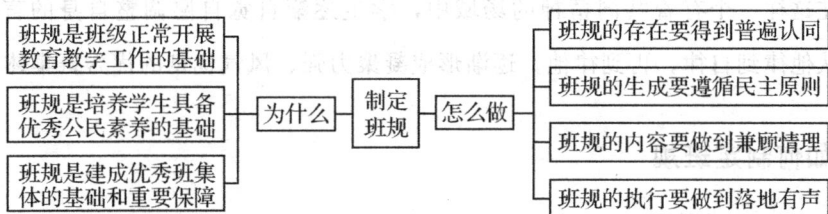

```
班规是班级正常开展                          班规的存在要得到普遍认同
教育教学工作的基础
                                           班规的生成要遵循民主原则
班规是培养学生具备      为什么   制定   怎么做
优秀公民素养的基础              班规            班规的内容要做到兼顾情理

班规是建成优秀班集                          班规的执行要做到落地有声
体的基础和重要保障
```

一、为什么要制定班规

1. 班规是班级正常开展教育教学工作的基础

俗话说，不以规矩，不能成方圆。班级管理也是如此，在刚刚组建的班集体中，每位学生遵照的都是自己原来所在班集体的道德标准和行为标准，都需要和新老师、新同学磨合一段时间，磨合的过程就是大家逐步接受新的道德标准和行为标准的过程。班规是用于处理同学之间、个人与集体之间利益和冲突的标准，新组建的班集体如果能有经过大家讨论的获得共识的明确的班级规章制度，学生就能够明确自己在班级中的行为标准，从而做到有规可循、有规可依，这样也可以尽快融入班集体，适应集体生活。同时也可以使班集体的各项工作尽快正常运转，从而提高各项教育教学工作的效率。

2. 班规是培养学生具备优秀公民素养的基础

建立班规的过程是培养学生理性思维、批判质疑精神、换位思考能力、勤于反思习惯、自我管理意识、社会责任、健全人格等的过程，也是培养学生契约精神，提高学生公民素养的过程。班规可以帮助学生树立规则意识、养成遵守规则的习惯，学会处理个人与他人、个人与集体的关系，进而形成积极健康的人生观和价值观。学生对班规的遵守会逐渐内化为学生对社会规则的自发遵从，从而帮助学生完成初步社会化，逐步实现自然人到社会人的转变。

3. 班规是建成优秀班集体的基础和重要保障

班级文化包括物质文化、制度文化和精神文化。班规是班级制度文化的一种，班级规章制度不仅是粘贴在墙面上的文字，更重要的是应内化为学生自觉、自治的行为。班级规章制度，让班集体中的一个个小我逐渐蜕变成集体中的大我，成长为集体中的我们，并最终促成班级成员共有精神、共有愿景的达成。也正是在这样一个有着共同精神的场域中，学生逐渐自觉自愿调整自身的言行举止，从他律到自律，再到律他，逐渐形成凝聚力强、风气优良的优秀班集体。

二、如何制定班规

1. 班规的存在要得到普遍认同

对一个班级来说，重要的不是有没有班规，而是有没有能够让全体学生心悦诚服、共同遵守的班规。若要充分发挥班规在班级建设中的正面影响力，班主任首先要引导学生明确建立班规的必要性。比如在入学教育时，可以就"我期待的班级生活"分组展开讨论。每个学生都希望自己能在一个优秀的集体中生活，通过讨论，班主任可以了解学生眼中的优秀，学生也可以了解彼此对优秀的理解，还可以让学生认识到系列的规则和制度对于一个班集体的重要性和必要性。在讨论汇报的过程中，班主任可以将学生的观点以文字或者图画等形式呈现在黑板上，并且在呈现观点的同时有意识地引导学生对自己的观点进行分类，在整理的过程中提炼出核心价值，明确需要制定哪些制度及规则，同时也明确：只有大家有规则可遵守，才可能逐渐自律，能自律才可能有最大程度的自由。只有学生自己认识到遵守规则的必要性，并愿意遵守规则时，规则才可能从外部规范转化为学生的内在品质。

2. 班规的生成要遵循民主原则

班规建设的一个重点在于弱化教师的管控色彩，强化学生在班级发展中的主体地位。得到全体学生认可的班规才能在班级中得到有效贯彻，所以，制定班规必须要遵循民主原则。黄向阳在《德育原理》中指出，经学生共同讨论决定的公约、规则，有助于学生个体态度的改变。它们使集体中的每个成员承担了执行规定的责任，因而对学生个体会产生约束力。这种约束力，随学生觉察到的集体意见一致程度的提高而增强。某个学生一旦出现违规行为，就会感受到集体有形或无形的压力，这迫使他改变自己的态度。这样就做到了人人都是监督者、人人都是执行者、人人都是管理者，从而实现每个学生都成为秩序的主人。

3. 班规的内容要做到兼顾情理

规则是人们在与外部世界交往时需要遵循的道德知识，蕴含着人们赋予社会交往的意义、价值及情感。班规的价值取向往往折射出班主任的价值取向，同时也决定了班集体的发展方向。因此，班规内容必须具有合理性，体现正能量。教师在落实班规的同时，要加强对学生道德意识的培养以及激发学生对真善美生活的向往，使学生从情感上、理智上认同规则，从行为上遵守规则，从他律走向自律，最终走向律他。

4. 班规的执行要做到落地有声

(1)全体签字形成约定。大家共同制定好班规后，在推进班规落实之前，班主任首先要强调班规适用的平等性，然后要对班规内容进行解读，要多花时间和精力引导学生深入理解班规，在大家深入理解并认同后，每个学生及班主任签字，共同形成约定，并在醒目位置张贴班规，公布于众。

(2)关注首因效应。一个学生对班规的重视度、信任度，与班规最初阶段的执行力密切相关。在班规的执行过程中，应该以"就事论事"为要，学会将"人"和"事"分开、将"情"和"理"理顺、将"公"和"私"拎清，这对维护班规的严肃性至关重要。经过至少 3 周的良好执行，班规才可能真正进入学生心中。

(3)提升每个学生的主人翁意识，加强互相监督，实现自我管理。好的班规不是以白纸黑字束缚人、限制人，而是引导、帮助学生养成良好的行为习惯。以班规带动正向舆论氛围形成，让大家在思想上互识、在行动上互助、在品质上互携。师生要共同努力创设一个轻松、愉快、民主、活泼的班级氛围，让班规化为内在精神，成为学生的"文化自觉"。

三、样例

在班级管理中经常会发现课堂秩序需要优化，可以采用如下方式形成共同的约定——课堂规范。

班级讨论的主题为：我们应该怎样上课？

环节(一) 通过调查问卷，了解大家对上课规范的认识。在上课前呈现调查问卷的部分结果。并提问：你认为上课需要遵守哪些规范？

1. 预备铃声响起，在自己座位上坐好，准备好上课用品，安静等待，准备上课。

2. 上课要有仪式感，上课铃声响起，起立与老师互相问好，开始上课。

3. 老师讲解时认真听讲，主动思考，认真记笔记。

4. 有想法需要发言前先举手示意，得到老师同意后再发言。

5. 积极主动参与课堂讨论，讨论问题时尽量小声。

6. 上课时不做与本节课无关的事情。

7. 上课犯困时，在不影响别的同学的情况下，可以向老师申请站立听课。

8. 上课中途不离开教室，有特殊情况向老师报告，得到同意后才能离开。

9. 被老师批评时不顶撞老师，如果有不同的想法，下课找老师或班主任沟通。

10. 当有同学破坏课堂秩序时，要制止。

11. 老师不在课堂的时候，要服从班干部的管理。

12. 自习课，要保持安静。

13. 你认为还需要有哪些课堂规范？请做出补充。

要求：圈出你认为最重要的六项规范，并按你认为的重要性排序。

环节(二) 通过小组讨论并汇报展示的方式，形成班级课堂要求规范。

1. 小组讨论。

(1)小组内分享彼此的想法，说明排序的理由。

(2)小组汇总课堂规范的建议，列出本组的共识。

2. 各组展示讨论结果并思考。

(1)你自己选择的规范中,哪些你能完全做到?哪些有时候做不到?为什么做不到?

(2)如果你自己做不到怎么办?

(3)说说有些选项你为什么没有选择?

3. 形成本班课堂规范要求。

将各组讨论的结果汇总、分类,形成草案,学生投票通过,形成正式的班级课堂规范。

环节(三) 分组讨论如何落实课堂规范。

1. 如果出现破坏课堂规范的行为,该如何做。

(1)自己可以怎么做?

(2)班级可以采取哪些措施?

2. 得到共识:每个同学按照自己的选择努力去做,在他律的基础上,加强自律,有自律才能有自由,最后做到律他,形成好习惯。

环节(四) 根据共识,形成契约,互相监督,在保障集体最大利益的前提下保障个人利益。

(1)将大家讨论得到的共识整理成一份倡议书,学生签名,贴在班级墙上。

(2)班主任牵头,成立由学生代表组成的"课堂规范管理小组",保障课堂规范的执行。

环节(五) 执行一段时间后,可根据执行情况进行契约的完善。

经过一段时间的实践,争取由书面契约式的课堂规范转化为心理契约式的课堂规范,让大家都自觉自愿地成为课堂规范的模范执行者。

问题 15 如何进行班级管理?

班级是学校教育教学管理工作的基本单位,是有效组织师生更好地进行学习和学校生活等的重要载体。班级管理是以班主任管理为主导,全体同学参与管理为主体,对班级中的各种资源进行有目标、有计划、有步骤的统筹规划的组织活动过程,这一活动的根本目的是实现教育目标,使学生得到充分、全面的发展。

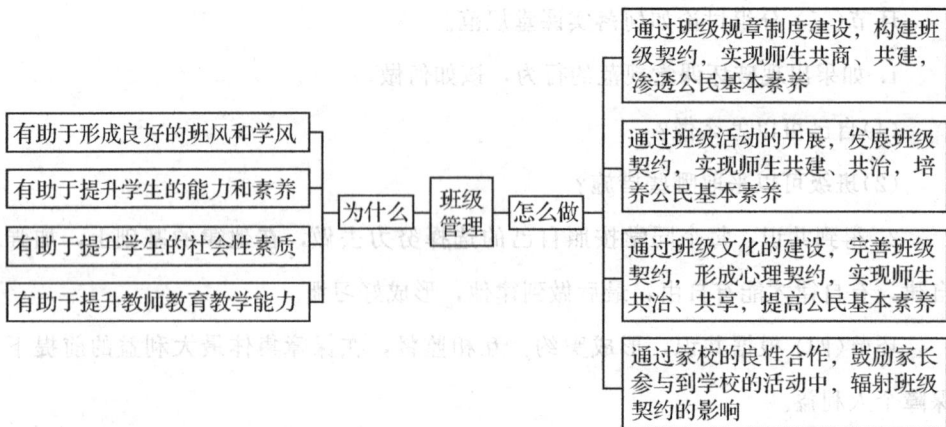

一、为什么要进行班级管理

1. 有助于形成良好的班风和学风

良好的班级管理有助于维持班级的良好秩序,做到常规有序;有助于学生改善同学关系,喜欢班集体,融入班集体,增强学生的归属感,从而增强班级的凝聚力;有助于营造良好的学习环境,保障教育教学工作正常、优质开展,形成健康向上、团结奋进、风气优良的班集体,从而实现个人发展与班级建设发展的有机融合。

2. 有助于提升学生的能力和素养

良好的班级管理致力于给学生提供各种展示才能的机会和舞台,充分发掘学生的潜力、锻炼学生的能力,培养学生的创新意识。良好的班级管理还可以培养学生良好的品质及对生活积极向上的态度,增强学生的责任意识、自律意识,提高学生自我管理的能力，促进学生世界观、人生观、价值观的正向成长，帮助学生成为学习自主、生活自理、工作自治的人。

3. 有助于提升学生的社会性素质

良好的班级管理要帮助学生逐步进行角色的转换，提高社会适应性，实现从自然人向社会人的过渡。学校和班级是一个公共的生活场域，在该场域中，大家应该关注的是"我们如何更好地学习和生活"，这就需要不断提高学生的同理心和共情能力，使学生能够换位思考，从而提升学生的社会性素质，帮助学生更好实现由自然人到社会人的转化。

4. 有助于提升教师教育教学能力

良好的班级管理可以促进常规有序、凝聚力强、风气优良的班集体的形成。教师更高效地进行班级管理，可以将教师从繁琐的日常事务中解放出来，使教师有更多的时间和精力研究教育教学，从而提升个人的教育教学水平及综合素质，成为研究型的教师，成为学生的人生导师。

二、如何进行班级管理

班级管理的方式有很多，可以采用契约式管理方式，致力于发挥班级契约精神，培养学生的公民素养，不断促进学生形成积极健康的生命状态，从而实现从自然人向社会人的更好过渡。

1. 通过班级规章制度建设，构建班级契约，实现师生共商、共建，渗透公民基本素养

"凡事预则立"，在接触一个新班时，可以先让学生学会发现自我，以此引领学生构建三年的发展规划。"预"不是简单的给予，而是带动与引领；不是单向的植入，而是相互的启发。全体学生要参与班级契约的构建，完成后交由全体同学讨论、交流、完善，形成正式班级契约。班级契约内容应当清晰，充满人性关怀和人文关爱，指导学生的班级生活的各方面。班级契约不仅是粘贴在墙面上的文字，更重要的是内化为学生自觉、自治的行为。学生自治，不是自由行动，乃是共同治理；不是打消规则，乃是大家立法守法；不是放任，不是和学校宣布独立。

(1)班委及课代表竞选、轮岗，签订责任书，自觉接受同学的监督和质疑

班委、课代表由学生自荐后班级民主选举产生，定期轮岗，专事专职，权责清晰，责任到人，行使监督的权利与被监督的义务。班委与课代表以身作则发挥引领示范作用，团结班集体，凝聚团支部，为同学服务，为老师分忧。每周有班委述职及每周轮值同学代表对班级一周表现的周评。学生以监督者和被监督者的视角对班级工作和生活发表自己的看法。

(2)讨论班训和班规，形成共同的约定

在入学教育中，教师带领学生结合"先学做人，再学做学问"的育人理念，展开"我要成为什么样的人"的大讨论，在讨论中形成班级发展与学生成长上的共识、方向、动力与抓手，注重社会主义核心价值观的渗透与内化。

班训班规（示例）

在遵守《中学生日常行为规范》《中学生守则》和八中校规、校纪的基础上，制定以下班训和班规：

班训

天道酬勤、厚积薄发；自强不息、厚德载物

班规

1. 提倡诚信文明：诚实诚恳，守时守信；
2. 提倡团结合作：同学之间和睦相处，互相帮助；
3. 提倡遵规守纪：遵守校规校纪；
4. 提倡自律自省：自觉提高自身素质，自身品位，互相监督，互相提醒；
5. 提倡勤奋踏实：脚踏实地，积极肯干；
6. 提倡自信进取、探索创新；
7. 提倡健康积极的生活和交往方式；
8. 提倡对他人、对集体、对社会的责任感；
9. 提倡在和谐的集体中更好地展现个性；
10. 提倡多读书，读好书；

学生签名：

班主任签名：　　　　　　　　　日期：

---

(3)班会开展的工作规范

班会是指围绕一定的主题(班级成员的关注点、兴趣点、分歧点、问题点),班级全体成员采用合适的方式为达成一定的目标召开的班级会议。班会分为校本班会和班本班会,每个学生都要参与策划、主持和评价,以促进其不断地自律自省,不断挖掘自己的潜力。

现以班本班会"美的系列"主题班会之一《美丽需要等待》为例说明,班级契约确定促进了班级群体向班集体的过渡,使班级成员得以和谐共生、共同进步。

在每周班委述职,学生的周评及学生的周记中发现,有部分学生产生愿意与异性交往的想法,希望自己能够成为受到异性注目和欢迎的人。如不能很好地把握交往的尺度,男女生交往过密,发展为早恋;由于学生心智还不成熟,极容易给双方带来伤害,亟须对男女生交往的尺度进行正确引导。

结合班会内容、学生实际情况,从个人素质、个人能力、在学生中的影响力、学习能力等多角度考虑,按照自愿报名及参考原轮岗顺序的原则在班级中确定策划和主持人选,然后教师与策划者及主持人共同确定班会思路。

班会是否成功,是否达到良好的教育效果,应该由学生来评价和反思,这样才可以达到教学相长的效果。调查问卷如下所示。

感谢大家班会上的配合!

1. 请你用一个 adj. 来评价此次班会。

_____

2. 你最喜欢哪个部分(可多选)?

A. 音乐　　　　　　　B. 采访视频

C. 国外学生来信　　　D. 自由讨论

E. 写给 Ta 的……

3. 通过此次班会,你有什么收获或感悟?

_____

4. 你对此次班会还有哪些建议和意见?

_____

在班级管理中，班级契约能够促进班级成员共有精神、共有愿景的达成，让班集体中的一个个小我逐渐蜕变成集体中的大我，成长为集体的我们。也正是在这样一个有着共同精神的场域中，学生实现了对个人私有场所行为和公共场所行为的区分，并对自身行为做出调整，逐步形成公民意识，提高公民素养。

2. 通过班级活动的开展，发展班级契约，实现师生共建、共治，培养公民基本素养

师生基于立足传统、引领传承，立足责任、引领担当，立足社会、引领奉献，立足科学、引领创新的原则，共同商量班级实践活动，设计人文和科技两种路线，设计活动计划，制定活动规则，反思、评价活动过程中的表现和得失，实现师生共建和共治，提高公民基本素养。

人文路线引导学生尊重中华民族的优秀文明成果，传承民族文化，增强民族认同感和归属感。例如：师生共同在护城河畔用脚步丈量京城土地以及了解它背后源远流长的故事；到京剧院欣赏百年国粹的神韵风华；到大观园品读大师手笔下的世情变迁；到首都博物馆"读城"体悟先人安邦筑城的巧思。再如：在清明节前夕召开"铭记历史、缅怀先烈"的主题班会；在端午节，开班会畅谈传统节日的来历和习俗；在中秋节，师生到玉渊潭赏中秋月、品中秋词、寄中秋情；冬至时，师生一起包饺子、煮饺子，在活动中体会浓浓的传统节日氛围。师生还可以一起遍访各地古迹遗址，回味中华文明光辉灿烂的历史。

科技路线注重丰富学生的科学素养，让学生进一步认识科技创新对国家发展和社会进步的重要作用。例如：师生共同参观郭守敬纪念馆和元大都城内通惠河上的重要通水孔道；参观北京大学、清华大学、北京建筑大学雨水收集实验室等多个高等学府和科研单位。邀请各行业的家长参与到班会的讲座中，使学生对高校的不同专业及社会上的不同行业有一定的认识。再如：在怀柔开展的"无痕山林"活动让学生体会到科技创新在环保行业的重要应用，使其对人和自然的和谐共处有更深入的理解；内蒙古的科考之旅让学生从教室走入漫漫黄沙，通过样方调查，处理数据、查阅文献、采访居民、交流分享，从小处细处全面了解资源枯

竭型城市的转型。这些兼具逻辑性、严谨性的完整科学探究体验是学生成长路上宝贵的财富。

此外，学生还可以积极筹划并定期参加志愿服务活动，如校外献血车义务服务，公交岗亭维持秩序，图书馆整理图书，消防博物馆、首都博物馆担任讲解员等。还可以尝试走进大山一对一扶助贫困儿童，为希望小学的孩子们挑选、捐赠图书，到四川参加支教等。

活动让学生成为班级真正的主人，尽管学生具有不同的文化背景，是一个个拥有独立人格特征的个体，但他们能够在彼此观念存在分歧的基础上，努力通过和平共处、平等交往的方式加深对彼此的理解，自主设定班级契约，发展班级契约，完善班级契约，创新班级契约。班级契约是学生主体间相互博弈、相互沟通、相互对话、相互妥协而达成的师生、生生共同的意志结晶，促进了一次次活动的完善，在此过程中也提高了各自的公民素养。

3. 通过班级文化的建设，完善班级契约，形成心理契约，实现师生共治、共享，提高公民基本素养

班级文化包含物质文化、制度文化和精神文化。物质文化是班级文化建设的基础及外显标志，能产生隐性的教育效果，因此，物质文化的布置应该从班级实际出发，为学生营造温馨、有特色的教室内部环境，满足学生的审美需要。例如，绿植的摆放，读书角的设立，班服、班徽、班章、班歌、班刊的制作。制度文化体现在师生共同完善的各种班级契约，如班训、班规等。优良的精神文化能够满足学生爱和归属的需要，尊重的需要，自我满足的需要。例如：通过板报内容的精心选择和设计引领班级的发展方向，传递正能量；通过周记和学生沟通自己或者班级的情况，或者鼓励，或者建议，和学生进行良好的沟通；通过学习小组、活动小组的设立促进学生之间的互帮互助。当班级的物质文化、制度文化和精神文化融合发展的时候，师生、生生之间也就渐渐地形成了文化的同质。进而形成了班级的舆论文化，即班级的心理契约，从而实现师生共治，共享，提高公民基本素养。

4. 通过家校的良性合作，鼓励家长参与到学校的活动中，辐射班级契约的影响

可以签订学校、家长和学生之间的合约，三方共同遵守。家校合力，可以促进家庭教育质量的提高，更有效增强学生和家长的契约意识，完善学生的公民素养。

三、样例

班级每学期都会组织社会实践活动，为了保障社会实践活动的顺利进行，师生就实践活动过程中的相关纪律要求及执行进行讨论，形成共同的约定。约定内容如下。

社会实践纪律约定

1. 安全第一、行稳致远。务必明确交通、饮食、财物、活动等各方面的安全要求，并严格落实。

2. 集体优先、兼顾个人。两者冲突时，个人利益服从于集体利益。务必不擅自行动，不单独行动。

3. 遵守规则、守时守信。严格遵守有关时间的安排，遇到自己不确定的情况，主动找老师确认。

4. 自理自立、自律自强。自己准备、自己管理所有行李，合理安排个人生活起居，保证个人健康，不干扰他人。

5. 团结友爱、互帮互助。与人相处，多一分包容友善，多一分换位思考，相互体谅，相互帮助，做到心中有他人。

6. 专时专用、提高效率。明确活动安排及学习任务，保证专时专用，不在活动期间娱乐，不在晚上休息时间娱乐，提高学习的效率。

7. 敦品勤思、笃学敏行。在体验中砥砺品质，主动思考，积极思辨，坚持学习，落实于行动。按时、按要求、保质量完成实践任务，以书面形式记录和思考，保证实践活动效果最大化、最优化。

8. 文明有礼、展示素养。公共场合，注意用语，注意音量，做到礼让。了解和尊重当地习俗，展示优秀文明素养。

问题 16　如何设计并开展主题班会？

　　班会课是班级集体活动中主要的组织活动之一，也是班主任进行班级建设非常重要的一个载体。班会课是在班主任的组织和引领下，以班级为单位，班级全体成员（或者部分成员）围绕一定的主题（班级成员的关注点、兴趣点、分歧点、问题点），采用不同的形式为达成一定目标而召开的班级会议。

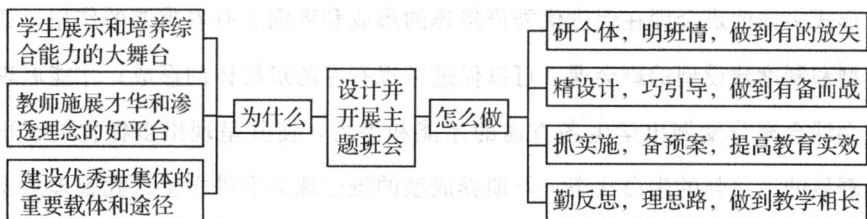

```
┌──────────────────┐
│ 学生展示和培养综合 │
│ 能力的大舞台      │────┐                                ┌─ 研个体，明班情，做到有的放矢
├──────────────────┤    │   ┌────────┐                   │
│ 教师施展才华和渗   │    ├─为│设计并  │─怎么做─┐         ├─ 精设计，巧引导，做到有备而战
│ 透理念的好平台    │────┼什么│开展主  │        ├────────┤
├──────────────────┤    │   │题班会  │                   ├─ 抓实施，备预案，提高教育实效
│ 建设优秀班集体的   │    │   └────────┘                   │
│ 重要载体和途径    │────┘                                └─ 勤反思，理思路，做到教学相长
└──────────────────┘
```

一、为什么要开设班会课

　　班会课是班主任对班级学生进行有效管理、指导和教育的重要途径和形式，可以逐步实现学生、教师及班集体的共同成长。

　　1. 学生展示和培养综合能力的大舞台

　　班会课可以提高学生思想修养，引导学生正确地认识自我，树立正确的世界观、人生观和价值观；班会课可以为学生提供展示自己的舞台，使其在与老师和同学的沟通交流中调整并规范自我行为，增强学生的自信心，增进同学间的情感交流；班会课可以培养学生的主持管理能力，锻炼学生的口头表达能力，每个学生在策划、主持和参与班会的过程中，可以不断地自律自省、挖掘自己的潜力，确定自己的奋斗目标，逐步养成良好的生活和学习习惯；班会课还可以激发学生对班级事务的热情并积极参与班级事务的管理，不仅能促进学生思辨能力的提高，更能促进学生归属感的确立，使学生能为班集体的良性发展贡献自己的力量。

2. 教师施展才华和渗透理念的好平台

班会课是班主任教育理念、教育技能、教育情怀的全面体现，也是班主任设计能力、调控能力、沟通能力的综合体现。教师可以将个人的管理才华和管理艺术通过班会课展现，同时可以通过班会课逐步渗透自己的教育理念。班会课可以促进师生间的思想交流，增进相互间的了解，形成师生共同的向心力，使学生逐渐做到亲其师，信其道。一个优秀的班集体，时时处处都会显现出班主任的影响，这就是班会课潜移默化的作用。

3. 建设优秀班集体的重要载体和途径

形式多样的班会课在促进优秀班集体的形成和巩固上有着重要的作用。解决问题型和制度建设型的班会课，可以促进常规有序的班集体的形成；才能展现型的班会课会充分发掘出学生各方面的才能和潜力，使其呈现出多样化的、积极的、舒展的、蓬勃的生命状态；习惯养成型的班会课会促进学生自我管理意识的加强，增强学生的责任感、自律性，从而激发学生的凝聚力、向心力，增强学生的集体荣誉感；文化建设型的班会课会从世界观、人生观及价值观的角度对学生进行引领，引领学生树立远大的目标，提高对自己各方面的要求，逐步呈现更好的自己，成就最好的自己。一个个积极健康的生命个体会组成一个生机勃勃的集体，这个集体会常规有序，凝聚力强，风气优良。

二、如何设计并开展主题班会

(一)研个体，明班情，做到有的放矢

每个班会都承载着一定的教育功能，因此在开班会之前，要准确界定问题、确定班会目标，做到有的放矢。教师可以通过用心观察、沟通交流、调查问卷等方式发现问题、研究问题，确定班会目标和解决思路。班会课的目标要明确、具体、可操作，要符合学生的年龄、心理特征和认知水平。可从"知、情、意、行"四个角度来分解目标，即班会课的知识目标要解决"我为什么这样做"，班会课的情感目标要解决"我想这样做"，班会课的价值观目标要解决"我这样做是对的"，

班会课的行动目标要解决"怎么样做、怎样会做得更好"。

(二)精设计，巧引导，做到有备而战

班会课的过程设计需要有计划、有方案、有建议、有落实、有监督、有反思和改进。设计班会过程可以关注以下两个方面。

1. 班会课的系列化

学生行为习惯的养成、思想境界的提升是一个持续、系统的工程，并不是通过一两次班会活动就能够完成的。因此，班主任对班会课的实施应该有统筹规划，在学年初或者学期初就做好相应规划。在安排系列性班会时要考虑校本班会（学校统一安排的校会）、班本班会（班级的规定性班会，如阅读主题班会、美丽主题班会等）和个性化班会。此外，也可以从不同角度进行系列化班会课的设计，如习惯养成型、才能展示型、改善关系型及解决问题型等。

2. 班会课的原则

(1)主体性：学生是班会课的主体，要采用多样化的形式充分调动学生参与班会课的积极性。要给予学生充分的对话空间，关注学生的情感沟通，注重学生的真实体验。只有学生真正参与、真正投入、真正思考，才会收获班会的实效。

(2)引领性：为了发挥班会课的育人功能，必须注重班主任在班会课上的引领作用。在开展班会的过程中，班主任作为班级的一员，要全程参与班会，及时发现教育契机并妥善处理，积极参与学生活动，以真情实感感染和引导学生。

(3)延续性：班会课的成功与否取决于班会目标是否实现，而班会目标的实现往往不是一蹴而就的，而是需要一个长期的过程，班会目标的真正落实往往是在班会课后。因此，针对班会课达成的共识，要在班会课后加强落实，并有相应的监督和反思，持续改善，从而提高班会课的综合实效。

(三)抓实施，备预案，提高教育实效

1. 班会的导入很关键

好的导入环节能激发学生的兴趣，促使学生顺利地参加后续的环节。可以直接从学生的问题现象导入；也可以让学生参与体验性环节，使学生在参与中自觉

地进入讨论环节；也可以选用能调动学生情绪的材料，如可以选择真实的、鲜活的视频及图片材料导入。好的导入材料必须切合主题，有启发性，简明扼要，能引起学生情感的共鸣。

2. 班会的形式很重要

班会课可以采用专题辩论的方式，也可以采用游戏体悟的方式，还可以采用角色扮演的方式，甚至可以采用调查实践分享的方式。无论哪种方式，都要考虑目前学生所处的时代特点、学段特点、心理和思维特点，注重学生的参与度和真实体验。由于德育的实质是将外部规范内化为学生的个体素质，这就需要学生的心理认同，而这种认同是在实践中产生的。如果学生没有经历、没有产生真实的感受，就不会产生心灵的触动，也就很难把想法转化为自己的行动。因此，给学生体验的过程就是给学生成长的机会，只有经过实践、体验后产生的心理认同，才会使学生形成自律行为，进而转化为个体的道德行为准则。

3. 班会的顺畅要保障

在班会准备环节，要充分考虑班会进行过程中可能出现的各种问题，做好预案。必须明确适合的才是最好的，要提供给每一位学生策划、主持班会的机会，但务必要结合班会内容、学生实际情况、班会的实际需求等多角度来确定，以保证班会的顺利进行，并收到真正实效。

(四)勤反思，理思路，做到教学相长

班会是否成功，是否达到良好的教育效果，应该由学生来体会和评价，不仅要自评，还要有生生互评和班主任评价。师生应该共同反思：如何改进效果会更好。

三、样例

静以修身，俭以养德

——小米粒，大民生

【班会背景】

当前社会的浪费现象达到了触目惊心的地步，特别是用餐浪费。以学生在学校用餐为例，每次用餐后，学生倒掉的剩余饭菜很多，有的同学甚至会倒掉整盘的饭菜，浪费现象特别严重。通过调查发现，大部分学生认为饭菜不合自己的口味就不吃，甚至直接倒掉，不仅在学校这样，在家也这样。家长对于孩子浪费的行为也不加以劝阻，不加以教育，长此以往，公民的道德素质会下降。因此，正面引导学生节约粮食是非常必要的，由此召开本次班会，主题确定为"小米粒，大民生"。

【班会目标】

1. 学生进行小组合作，各自承担本次班会的部分内容，亲自参与班会的设计，从而理解召开本次班会的必要性。

2. 学生通过讨论得到共识，践行光盘行动：吃多少盛多少，吃多少点多少；积极开展餐桌文明行动。

3. 学生能够主动用自己的行动影响身边的同学、亲人和朋友，向身边人发起倡议，倡导舌尖上的文明。

【班会准备】

1. 视频组

跟踪拍摄"一盘饭的前世今生"。

分两部分拍摄：

(1)天时、地利、人和才能做到颗粒归仓。

(2)颗粒归仓的粮食作物怎样才能成为盘中餐？

a. 做菜的原料如何进入校园？　　b. 食材进校园之前花的时间。

c. 做一顿饭要花多长时间？　　d. 吃完饭后食堂员工要做什么？

2. 问卷调查组

(1)设置调查问卷，调查学校、家庭和餐馆的用餐情况。

(2)实地调查各种肉、菜、蛋、豆制品的市场价格。

(3)调查一顿学生喜爱的快餐的价格和营养成分。

(4)设置调查问卷，调查个人的零花钱、家庭的大概收入和"食"在家庭收入中的比重。

3. 策划主持组

(1)与班主任一起策划班会的相关安排。

(2)书写主持稿。

(3)预测可能出现的临时状况，思考对应的处理办法。

(4)提出开放性思考问题，并考虑学生回答的角度，如国家为何再提勤俭节约？

4. 倡议制作组

(1)把大家达成的共识制作成倡议。

(2)记录每个人接下来三周的三餐节约粮食行动，观察身边同学在校就餐的光盘情况。

(3)组织集中交流，并完善倡议。

【班会过程】

环节一：一盘饭的前世今生

1. 主持人导入：我们的班会，从学校的一盘午餐饭说起……

播放视频：从颗粒归仓到成为盘中之餐的过程。

2. 展示学生食堂用餐的情况。

＊设计意图

学生拍摄的真实素材和调查的真实数据，可以给学生带来巨大的感官及思维上的冲击，使学生感受到一粥一饭，当思来之不易。

环节二：一盘饭背后的数据

1. 数据呈现

(1)公布食堂每天统计的学生倒掉的食物的重量，呈现浪费的这些食物如果被正常食用，可以供多少人食用多久的相关数据。

(2)展示中国和世界粮食供需的现状。

(3)展示现在蔬菜及肉类的价格。

(4)展示经常买的快餐的价格和营养成分。

(5)展示家庭收入中"食"所占的比重。

(6)展示结合食物金字塔分析的快餐营养成分和学校午餐营养成分的搭配情况。

2. 小组讨论

(1)思考：吃完这一盘午餐，我们得到了什么？别人得到了什么？

从健康成长、感恩、换位思考、珍惜别人的付出、责任、节制等角度讨论。

(2)思考：剩饭剩菜到处都是，为什么会这样？

(3)思考：国家为何一再提勤俭节约？

＊设计意图

基于学生调查的各类真实数据，激发学生理性思考自己的行为，思考到底怎样"吃"，才是对自己负责，对别人负责。

环节三：我们在行动——餐厅不多点、食堂不多打、厨房不多做

1. 小组讨论：如何减少食物的浪费？形成共识，发出倡议。

2. 以小组为单位制作倡议书，签字形成合约。

例如：(1)家里、食堂吃多少打多少，饭店能吃多少点多少。

(2)对于学校固定的盒饭，如果吃不了可以分给饭量大的同学。

(3)在外就餐没吃完的食物打包带回去。

(4)提倡饮食均衡，不偏食，不挑食。

(5)做节约宣传员，提醒身边的同学和家人，节约粮食。

＊设计意图

由浅入深，层层递进，促使学生自省，从他律到自律，再到律他，做到节约粮食，从我做起，从点滴做起，用自己的行动影响身边的人。

【班会后延伸教育活动设计】

记录每个人接下来三周的三餐节约粮食行动，观察身边同学在校就餐的光盘

情况。组织进行集中交流，并完善倡议。

【班会反思】

1. 要敢于"放手"

教师要相信学生，相信学生的能力，相信学生的判断力，要敢于放手让学生去组织和策划。这是因为，学生可以站在学生的视角看待问题，他们更清楚学生群体对问题的看法和态度，所以他们明白怎样做才可以把工作做到学生的心坎上，怎样做可以更有效地解决学生的实际问题。要敢于放手，给予每个同学更多的机会展示自己，参与活动，在活动中提升能力。

2. 要巧于"插手"

教师在敢于"放手"的同时，还应该巧于"插手"。教师应该在整体的教育方向上给予科学的、适时的指导，这样既发挥了学生的主观能动性，调动了学生主动参与的积极性，又促进了学生各方面能力的提高，提升了学生的自信心和自尊心，同时还会让学生深刻体会到自身的价值。

3. 要能于"携手"

教师要理解和尊重学生，要在师生平等关系的基础上沟通，做到与学生平等携手解决问题。教师要平等对待每一位同学，要擅于发现每个学生的闪光点，并提供给每一位同学展示的机会，使班级每一位成员共同进步，共同成长。

4. 要勤于"动手"

《礼记》曰："学然后知不足，教然后知困。"教师除了应该具有过硬的教学功底和水平外，还应该广泛阅读管理学、教育学、心理学等方面的书籍，不断提高自己各方面的素养，以保证能够在较高的层次引领学生的发展。此外，教师要勤于动手，写下自己的感悟，不断提升教育教学能力。

问题 17　如何提高学生的自我管理能力？

自我管理简单来说就是指一个人在目标导向下主动调控和管理自我的心理活动和行为活动的过程，自我管理能力是优秀人才的必备素质，教师要努力帮助学生提高自我管理能力，使其能更好地成长和发展。

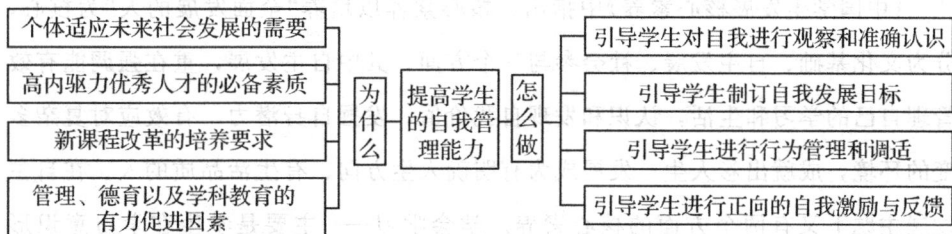

个体适应未来社会发展的需要					引导学生对自我进行观察和准确认识
高内驱力优秀人才的必备素质	为什么	提高学生的自我管理能力	怎么做		引导学生制订自我发展目标
新课程改革的培养要求					引导学生进行行为管理和调适
管理、德育以及学科教育的有力促进因素					引导学生进行正向的自我激励与反馈

一、为什么要提高学生的自我管理能力

1. 个体适应未来社会发展的需要

现代社会高速发展，知识飞速更新，学习方式、工作模式、人际交往合作的方式等都在发生变化。现在的学生将要面对的是全新的未来世界，是教师们、父母们没有经验的世界，未来他们需要依靠自我管理能力不断学习、适应、创造。

具有自我管理能力，也是国家对公民的要求。党的二十大报告提出："基层民主是全过程人民民主的重要体现。健全基层党组织领导的基层群众自治机制，加强基层组织建设，完善基层直接民主制度体系和工作体系，增强城乡社区群众自我管理、自我服务、自我教育、自我监督的实效。"因此具有良好的自我管理能力是成为一名合格甚至优秀公民的需要。

2. 高内驱力优秀人才的必备素质

现代管理学之父——彼得·德鲁克指出："在知识经济中，成功属于那些善于自我管理的人。"这些人了解自身的长处，自身的价值观念，以及自身如何表现得最佳。

现在父母和教师常常感叹，孩子们缺少内驱力，对于自己的学习，需要外力不断督促，而且不用心考虑怎么做得更好，时常应付完成。这种情况往往是因为内驱力的缺失，内驱力缺失又往往源于"掌控感""胜任感"太少。自我掌控就是自我管理的基础。只有让学生们不断练习自我管理，由自己做主，才能体会"掌控感"，有主动意识，慢慢再获得"胜任感"，才能成为一个有"内驱力"的人。同时，只有通过对自我的管理，才能真正了解自己，促进自己向内心的梦想前行。

3. 新课程改革的培养要求

《中国学生发展核心素养》中指出，核心素养以培养"全面发展的人"为核心，分为文化基础、自主发展、社会参与三个方面。其中自主发展，重在强调能有效管理自己的学习和生活，认识和发现自我价值，发掘自身潜力，有效应对复杂多变的环境，成就出彩人生，发展成为有明确人生方向、有生活品质的人。在自主发展主题下又有两个方面的核心素养。学会学习——主要是学生在学习意识形成、学习方式方法选择、学习进程评估调控等方面的综合表现，具体包括乐学善学、勤于反思、信息意识等基本要点。健康生活——主要是学生在认识自我、发展身心、规划人生等方面的综合表现，具体包括珍爱生命、健全人格、自我管理等基本要点。

自主发展中的各个核心要素，如有自主学习的意识，主动选择学习方法，进行评估调控，实际都属于自我管理的内容。健康生活中的认识自我、规划人生等，更是心理学、管理学中自我管理的典型行为。在新的教育理念下，要培养全面发展的人，就必须帮助学生提升自我管理能力，这也正是教育改革中强调以学生为主体、要努力培养的核心素养。

4. 管理、德育以及学科教育的有力促进因素

当学生有着良好的自我管理能力时，班级和学校的基本管理及德育工作能更顺畅、更高效地进行。同时，学生的自我管理能力高了，自我发展的主动性会更强，学生会和教师、学校更理智真诚地沟通他们的思考和需求，从而促进师生更好的合作，为学生发展提供更好的平台。班主任也能更精准地指导帮助学生，设计出更符合学生发展需要的活动。

在学科教育中，面对自我管理能力更强的学生们，教师的课堂设计可以更好的实施，同时学生们能反馈给教师自己在学习自我管理中发现的问题，帮助老师评价调整教学，精准施教，从而起到更好的教学效果。

二、如何提高学生的自我管理能力

对于中学生来说自我管理的内容主要包括学习和发展的能力、生活管理能力、社会功能的管理能力等。本文主要从学习和生活管理能力的角度来探讨如何提高自我管理能力。

要想帮助学生提高自我管理的能力，首先需要明确自我管理的要素，如下图所示。

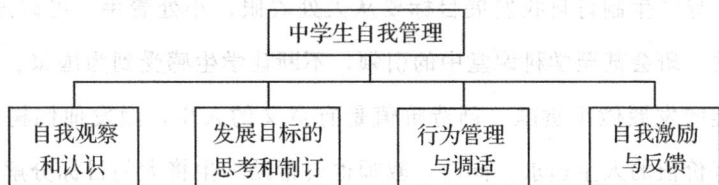

```
                    中学生自我管理
    ┌──────────┬──────────┬──────────┬──────────┐
  自我观察    发展目标的   行为管理    自我激励
  和认识      思考和制订   与调适      与反馈
```

1. 引导学生对自我进行观察和准确认识

良好的自我管理的前提是能客观地观察自己、准确地认识自己，了解自己目前的实际情况，如自身性格特点、爱好特长、学业水平、做事学习的方式方法、每日的时间安排、不足之处、希望自己发展的方向等。

曾国藩曾向唐鉴请教修身之道，唐鉴告诉他，每天都写日记是入圣之基，这其实就是让他进行自我观察和认识。从此，曾国藩每日坚持记日记，对自己一天的做人、做事、做学问进行记录和反思。教师可以引导学生多做自我观察并如实地将自己的心理活动和行为活动，以及时间安排记录下来，可以鼓励学生通过写日记的形式完成，如果学生难以做到也可以做清单式的记录，如实地、简短地记录每日做的事情和时间安排，学习情况、与同学老师交往的情况，以及自己遇到的困难等。经过一段时间的留心观察，学生必能对自己的认知更加准确深刻。还可以通过让学生写阶段回顾总结来促进学生对自己一个时间阶段进行反观和认识，如月总结、期中总结等。

除了自我观察内省以外，学生还可以通过身边熟悉了解自己的人的客观评价来进行自我观察和认识。教师可以通过和学生的阶段性谈话，或者借助作业面批等时机对学生近一段的情况进行交流反馈，帮助学生更好地认识自己的实际情况。

2. 引导学生制订自我发展目标

自我管理的目标是为了更好地实现个人全面发展。但要往何处发展，希望发展到什么高度，是个人自我管理的方向以及动力所在。让每一位中学生自发有明确的目标是很困难的事情，教师要努力引导学生树立良好的价值观和高远的理想，不断激发学生去思考追求自己的人生目标。

教师引导学生制订自我发展目标要从大处着眼，小处着手。可以通过学校、班级的活动、班会甚至学科课堂中的引领，不断让学生感受到为国家、为社会甚至为全人类的发展做出贡献、创造价值是有意义的人生，激发他们树立高远目标，确立有价值的人生追求。同时，教师也要帮助学生将大的目标分解落地，进行短期目标的制订。短期目标的制订要和长期目标有一致性、符合本人现实有可实现性、具体性(甚至可量化)等。可以通过和学生多次一对一的谈话讨论来帮助其制订。例如，班级中有一位学生非常希望能成为一名优秀的医生，师生可以一起讨论成为优秀的医生必备的知识技能和意志品质，然后制订具体到中学阶段的短期目标：①积极地参与尝试生物医学相关的科研实践活动；②考上北大医学部。然后将目标再具体一些，如为了参加科研项目，生物、化学学科要提前学习哪些内容，每周末花一天时间去科研项目的高校实验室学习研究，剩下的两年内把综合成绩提升到什么水平才能达到理想大学要求等。还要考虑，这些具体目标中可能遇到的困难、可以如何求助等。当学生心中有了明确且合理的目标，并且了解了每一个小目标的达成都离他心目中的目标更进一步时，行动也就更加自主坚定了。

3. 引导学生进行行为管理和调适

目标是依靠具体的行动实现的。自我管理中很重要的一个环节就是依据自己的目标和计划实施行为管理。行为管理的内容包含时间管理、人际交往管理、学习管理、情绪健康管理等。做好行为管理首先需要引导学生在目标的引领下对学习生活进行规划和时间安排。引导学生学会对学习生活中的待做事宜进行分类，分清事情的重要等级、缓急程度，合理地进行时间安排，对于一些为了达成目标需要长期积累的任务，每日要努力保障时间。为了培养学生的自我行为管理能力，教师可以要求学生准备记事本，完整记录每日待办事宜、学业任务等，并在空余时间做时间分配和安排。学生可以在完成时如实记录每一项所花时间，这样便于了解自己的时间分配和效率情况，便于自我纠正和调节。完成每项任务后划去，能够简便快捷地让学生了解每日学习生活的完成情况。如果能有时间对自己每日情况进行点评和反思，管理效果会更好。

行为管理是自我管理的具体落实，也是最难以坚持的，优秀的行为管理需要良好的自律性和自驱力，而这些都不是一日之功。教师要抱有"学生在中学阶段就是在不断学习和练习如何自控、如何自我管理，对于学生的行为管理不要有追求完美"的想法，要不断鼓励学生坚持去做行为管理，并且常常给学生正向的反馈。反馈看到的他们做得好的事实，让他们体会自我控制给他们带来的益处，让他们收获能掌控自己的胜任感，慢慢累积可以增强他们自我管理的信心。同时，教师也可以通过沟通引导他们反思行为和目标的差异，引导他们进行行为调整，给予一定的方法和建议，甚至一定的督促，适当的他律也可以帮助他们进行自我管理。在集体层面的具体实施中，教师可以借助同龄人的榜样引领作用，让自我管理做得好的同学进行分享，或者让同学们一起交流分享自我管理过程中遇到的困难，大家相互帮助以自己的经验给出建议等。这样的方式往往比教师的说教更有效果。

在行为管理的实施过程中，部分学生可能会发现总是无法按计划行动，会有挫败感，这时教师需要帮助学生反思梳理计划的合理性和现实性，可以根据行动过程中的再认识和再思考调整自己的短期目标，让自己通过努力能够基本完成计划向目标接近，这样才能获得胜任感，从而进一步激发内驱力。

4. 引导学生进行正向的自我激励与反馈

在朝向目标前进的过程中，管理约束自己的行为需要一些激励来促进坚持和改进。激励有来自外在的和内在的，内在的激励也就是自我鼓励，是增强自觉性、主动性和行动持续性的强有力的推动力。

学生自我激励的程度和理想的高远，既与目标追求的强烈程度相关，也和学生的意志品质、积极的人生态度紧密相关。在学生自我管理遇到挫折的时候，教师可以引导他们将困难看作机遇，通过指导帮助学生渡过眼前的难关，帮助他们建立起自信，让他们相信自己可以克服困难获得成长，逐渐增强抗挫折的能力，引导他们发展成长型思维。

心理学研究中发现，一个人在某个领域自尊感越强就越自律。教师要多做正向引导，努力提升学生的自尊感，促进他们自我激励从而增强自律性。例如，班级中有一位男同学比较贪玩，学习上没有高远的目标追求，缺乏自控力，但他有一项体育爱好，而且发展得非常好，还获得过高级别比赛的奖项。针对他的情况，教师通过几次谈话了解他的体育爱好的学习训练及比赛情况，让他回顾这个过程，整理出了文稿和照片，并在班会中分享展示。在回顾和梳理中，他回想起训练的苦和乐，比赛中失败和艰难胜利的经历，这让他的自尊感和内心的力量升起来了，在分享中明显可以感受到他的兴奋和自豪，同时在分享中他迁移了他在运动中获得的意志品质，开始相信学习中如果能做到他在该项运动中的勇于积极面对反复练习，学习也定能越来越好。有一天他告诉教师，他想冲击一所非常优秀的大学，并希望能进入他热爱的运动的校队。在之后的日子里他努力改变，不断自我激励，克服曾经的惰性，不断进步。这一过程正是激发出了他内心的自尊感，让他感受到了"我想要做得更好，我能够做到更好"，从而让他树立了更高远的目标，并不断自我激励，促进了自我管理。

三、案例分享

优秀的学生往往有着良好的自律性和较高的自我追求，如果再有更好的自我管理能力，将会助力他们更加优秀达成目标。在优秀生的培养中，可以通过"我的梦想我管理"的自我管理表，来帮助他们进行自我觉察、自我发展目标的制订，以及自我的行为管理。自我管理表可以帮助他们在一段时间内进行总结，反思、调整自己的行为和目标，同时进行阶段反馈和激励。

我的梦想我管理

管理人：_____班　　　　　　　　　　　　填写日期：_____年_____月_____日

	科目	得分	年级最高	年级平均		项目	自我反思、评价
本次考试成绩	作文				本阶段生活状态分析	师生关系	
	语文总分					情绪状态	
	数学					学习计划	
	英语					课堂效率	
	选考1					作业效果	
	选考2					问题解决	
	选考3					学习小结	
	总成绩					身心健康	
						总体情况	
本阶段我的重要进步				进步原因：			
下一阶段我的改进方向				改进措施：			
对自己最想说的话							
导师寄语							
家长寄语							

　　除了个人的反思和总结，也要借助集体的力量，如朋辈间的影响、师长的指导等，来帮助解决个人管理中的困难。借助自我管理表，教师发现学生做得好的地方以及他们的困难。除了单独辅导帮助外，还通过班会，对共性的问题进行指导，针对表格中大家比较集中的问题，如"如何做好学习计划""如何做好学习小结""如何更好地解决发现的问题"等进行了指导，同时分享了优秀学生的做法，让大家相互学习。也通过班会，邀请了在自我管理方面整体做得非常优秀的学生进行分享，借助同龄人的榜样引领作用感染带动其他学生，让大家一起交流相互帮助。

　　在"我的梦想我管理"中，教师也鼓励学生学会寻求教师的帮助以及家长的帮助，这个帮助可以是具体的指导，也可能只是鼓励和激励，这些都能够助力学生更好地实现自我管理。

　　提升自我管理能力不是一日之功，不可急于求成。教师也要通过不断的自我学习，提高自己的教育引导能力，把握自我管理的几个要素，花心思、想办法在各个要素的培养上下功夫，在日常的教育教学上始终引导并给予学生机会进行自我管理，相信这种做法定会让每位学生都能有提升和成长。

问题 18　如何设计并开展班级活动？

育人之计，德育为先；德育之兴，首推活动。意大利教育家蒙台梭利说："我听到了，但随后就忘了；我看到了，也就记得了；我做了，我就理解了。"班主任要管理好班级，班级活动必不可少。有效的班级活动，是开展德育工作的沃土。

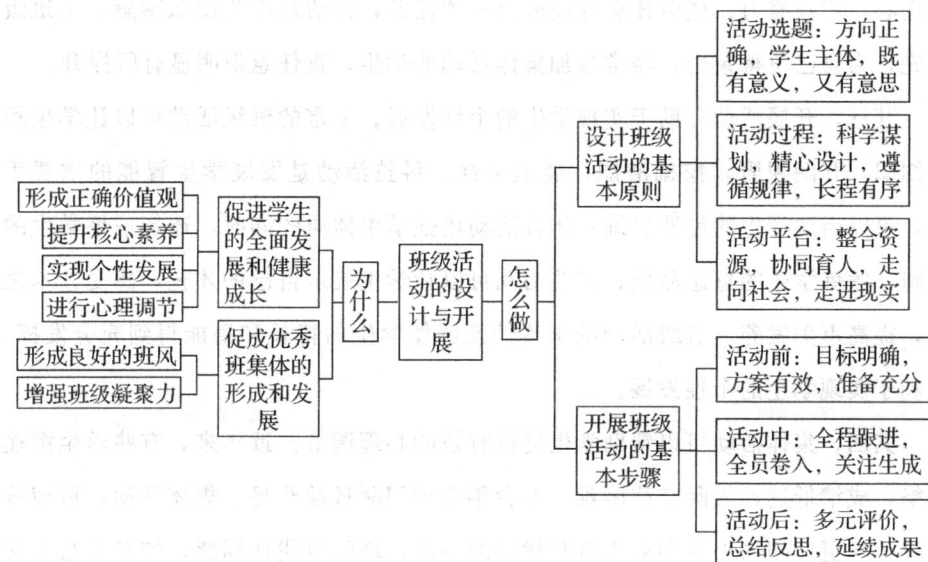

```
形成正确价值观 ┐
提升核心素养  ├ 促进学生       ┐
实现个性发展  ┤ 的全面发       │
进行心理调节  ┘ 展和健康       │
                 成长          ├ 为  班级活  怎么
形成良好的班风 ┐                │ 什  动的设  做
增强班级凝聚力 ┘ 促成优秀       │ 么  计与开
                 班集体的       ┘     展
                 形成和发
                 展

怎么做 ┬ 设计班级 ┬ 活动选题：方向正
       │ 活动的基 │ 确，学生主体，既
       │ 本原则   │ 有意义，又有意思
       │          ├ 活动过程：科学谋
       │          │ 划，精心设计，遵
       │          │ 循规律，长程有序
       │          └ 活动平台：整合资
       │            源，协同育人，走
       │            向社会，走进现实
       └ 开展班级 ┬ 活动前：目标明确，
         活动的基 │ 方案有效，准备充分
         本步骤   ├ 活动中：全程跟进，
                  │ 全员卷入，关注生成
                  └ 活动后：多元评价，
                    总结反思，延续成果
```

一、为什么要开展班级活动

班级活动是班级文化建设的重要组成部分。广义的班级活动包括主题班会、纪念日活动等常规活动，也包括辩论赛、才艺展示、话剧表演、体育竞赛等特色活动，还包括社会实践、远足研学等拓展活动。活动和人的发展有着密不可分的关系，开展多种形式的班级活动对促进学生发展、加强班集体建设具有重要意义。

1. 班级活动促进学生全面发展和健康成长

其一，开展活动有助于学生形成正确价值观。班级活动的根本目的是教育人、培养人。班主任可以通过活动对学生进行情感态度、思想道德、人生观、价值观的教育，如充分利用升旗仪式、重大节庆日等集中开展爱党爱国、责任担当等主题教育活动，以鲜明正确的价值导向引领学生，以积极向上的力量激励学生，增强学生的道德情感，加深其道德认识，促成其良好的道德行为。

其二，开展活动有助于提高学生多种核心素养。这些素养包括责任意识、竞争意识、规则意识、团队精神和奉献精神等。学生在活动中心怀集体观念，强化责任心，积极努力、任劳任怨地完成每一项任务，在活动中为团队奉献，为班级争光，为自己争得荣誉。经常参加集体活动的学生，责任意识明显有所提升。

其三，开展活动有助于实现学生的个性发展。丰富的班级活动可以让学生积累知识，开阔视野，挖掘潜能，展示个性。科技活动是发展学生智能的重要手段，可以启迪学生的创造思维；体育活动增强学生体质的同时，还能锻炼学生的体魄，锤炼学生的意志品质；文艺活动可以让学生展示自己的才艺，感受艺术之美，提高审美素养。班级活动的丰富性能够使学生的特长和潜能得到充分发挥，有利于实现学生的个性发展。

其四，集体活动可以帮助学生进行有效的心理调节。近年来，有些学生沉迷网络，成绩低迷，人际交往困难，青少年心理问题日益凸显。集体活动，可使这些学生在更广阔的平台中展现自我优势的一面，增强自我认同感，使其在与人交往的过程中学会合作、理解与沟通。通过活动，这些学生会获得自信与快乐的体验，走出心灵的樊篱。

2. 班级活动促成优秀班集体的形成和发展

其一，开展班级活动有利于形成良好的班风。众所周知，好的班集体不应该长期靠人来管理人，而应该是靠一种风气来管理人。好的风气的形成，如果完全依靠教师说教，久而久之，班级就会失去活力。针对班级要解决的问题，组织各种活动，能起到"润物细无声"的效果。例如，对于班级中出现的影响班风的问题，可以搭建班级公共事务的公共话语平台，通过开展"班级智囊团""班级圆桌会议"等活动，组织学生及时梳理班级存在的问题，分析问题进而解决问题。利用活动去规范引导学生的言行，能够逐渐形成正确的集体舆论，塑造良好的班风。

其二，开展班级活动能增强班级的凝聚力。丰富多彩的活动往往能激发学生投入到集体中来。每个班主任都希望自己的学生热爱集体、关心他人，班级活动恰恰是这些品质形成的催化剂。班主任设计并开展活动时，要让学生在集体活动中产生强烈的集体荣誉感、归属感。例如，对于一个"一盘散沙"的班级，组织篮球赛等竞赛性质的活动能调动起学生为班级而战的热情，很快地使一群"散兵游勇"建立起强烈的归属感，增强班级的凝聚力。

二、如何设计并开展班级活动

班级活动的设计与开展要面向全体学生，面对真实的生活，聚焦所有学生的成长，应指向使学生具备适应终身发展和社会发展需要的正确价值观、必备品格和关键能力，为学生一生成长奠定坚实的基础。

1. 设计班级活动的基本原则

（1）活动选题：方向正确，学生主体，既有意义，又有意思。

在班级活动的选题上，班主任必须掌好舵，坚持正确方向，注重活动的教育意义与教育价值，通过活动来落实立德树人的根本任务。但是，这并不意味着班主任在活动中要大包大揽、全包全揽，班主任要甘做、善做"幕后指挥家"，切忌将个人意志强加给学生，要体现学生的主体地位。

学生永远是教育的主体，班级开展哪些活动，学生最有发言权。只有让学生自主选择"众望所归"的活动内容，让学生找到他最爱的那盘"菜"，才能激发学生强烈的参与欲，让每项活动都达到最高的参与率，最终实现教育目的。例如，让学生在新学期初自由结组，自主选题，在教师的指导下，轮流组织班会活动。学生的选题丰富多彩，有围绕二十四节气展开的传统文化专题活动，也有自然科普主题的"红树林湿地生态系统"研讨活动，还有拔河比赛、课本剧《红楼梦》表演等愉悦身心的文体活动。给学生话语权，让他们说想说的话；给学生选择权，让他们搞喜爱的活动；给学生创造权，让他们打造自己的乐园。要相信孩子们的创造力是无穷的，让学生做班级活动的主人，能够让活动形式不断得到创新，这样的班级活动既有意义，又有意思。

(2)活动过程：科学谋划，精心设计，遵循规律，长程有序。

作为一名班主任，不管要带班几年，哪怕短至一个学期，在规划设计班级活动时，也必须要着眼于教育的全过程，追求教育的长效性，使活动序列化和长程化。这就需要班主任运筹帷幄，遵循学生的年龄特点、认知规律和教育规律，科学谋划，精心设计。

活动设计可以以时间为序，准确定位不同学期、不同阶段学生的成长需求，逐学期、逐月来开展。例如，高一上学期可为每月设定一个主题词，逐月设计活动。九月开学主题词为习惯养成，开展制定班规活动，重在规范行为；十月主题词为爱国奉献，开展庆祝国庆节相关活动，涵养家国情怀；十一月主题词为勤学奋进，可组织学科竞赛活动，营造好学氛围；十二月主题词为健康体魄，可组织冬季长跑比赛，倡导健康运动；一月主题词为总结规划，可组织辞旧迎新活动，迎接崭新未来。此外，班级也可以围绕一个主题设计系列活动，有利于对活动主题的充分认识和深刻挖掘。例如，开展"喜迎二十大 奋进新征程"主题系列活动，可以设计书画展、知识竞赛、演讲比赛、文艺演出等活动。坚持活动的序列化和长程化，使活动密集推进，长程贯彻，能更有效地巩固育人效果。

(3)活动平台：整合资源，协同育人，走向社会，走进现实。

设计班级特色活动还应寻求、整合各方资源，特别是本土的自然资源与社会资源。学校教育本身是有局限性的，班级的教育空间更是有限，这就要求在设计活动时，可以适当地让学生走到更广阔的外面世界去，在认识社会的过程中增长见识和本领，使教育更具现实性。

家长是开展活动、协同教育的丰富资源，可以充分发挥家委会的组织协调作用，挖掘并发动有校外资源的家长，让他们为班级活动增添新的力量。例如，在班级家委会的沟通协调下，联合发起了"职业体验项目"活动，让学生浸入式地进行一次全方位的职业体验。

在设计活动时还可充分依托本土特色资源，让孩子们参观博物馆、名人故居、郊游踏青等。例如，高考前五十天是复习备考最紧张的阶段，学校统筹安排学生去中国共产党历史展览馆参观学习。这项活动的组织对于学生高三后期的备考产生了重要的影响，极大地鼓舞了学生的斗志，更让学生学会正向面对困难，经得住成绩起伏，稳得住心性，锤炼了学生的精神品质。

总之，设计班级活动时，尽量多地整合资源，家校协作育人，力求让学生认识社会大环境，拓宽学校教育的外延。

2. 开展班级活动的基本步骤

班级活动的开展是重中之重，只有细致地组织好活动的全程性工作，保证整个活动有条不紊地推进，才能最终呈现出好的活动，达成活动目标。

(1)活动前：目标明确，方案有效，准备充分。

目标明确，是活动成功的前提。可以先采用调查法，调查班情，收集数据，增强活动的针对性，保障活动有实效。

有了目标，就一定需要一个行之有效的方案。一般来说，一份完整的活动方案通常包括活动背景、活动目标、活动主题、时间地点、组织形式、活动要求、活动流程和人员职责分工等。其中，组织形式力求新颖、易实施，活动要求务必细化，人员职责分工一定明确。关于活动流程，则需要重点把握。各个环节是否清晰？是否环环相扣？时间分配是否合理？建议将重要的时间节点或可视化的进度标识写进流程单，确保流程的顺利执行。

有了好的方案，就一定要做好充分的准备。班级活动准备得越充分、越细致，活动实施就会越顺利，活动效果就会越好。班级活动的准备可以分为思想准备、人员准备和物质准备。所谓思想准备，就是要做好活动前的思想动员，为活动预热。人员准备包括将活动任务落实到人，力争让每一位学生都有机会发挥自己的作用，同时要定时督促检查参与学生的工作，并及时帮助学生解决过程中出现的困难。物质准备主要指活动环境布置(如板报、会场布置、桌椅摆放等)、活动道具准备(如参与者的服装道具、多媒体等)。除此之外，活动前还应做好应急预案，以备不时之需。

(2)活动中：全程跟进，全员参与，关注生成。

活动过程中，班主任除了需要跟进流程，处理突发情况外，还要关注活动的参与度，关注学生的情绪反应，尽量让全员都参与到活动中来。要充分考虑学生的差异，因为个性不同的学生，对活动的参与度不同。人们大多将目光聚焦在光芒四射的活动主角身上，容易忽视坐在角落里的学生，从活动设计到活动实施的过程中，均需关注这一问题。在开展活动的过程中，应及时发现并充分带动他们，使每个学生都有参与感，全员都融入到班级活动中。

作为班主任来说，更为重要的是要抓住活动现场自然生成的亮点或冲突点，因为这往往是很好的教育契机，抓住这些契机教育引导学生，活动的价值意义才能更好地生成。

以一次篮球赛总结班会活动为例来做说明。篮球赛以失败告终，不管班长如何强颜欢笑地强行解说，集体情绪还是陷入了低迷。班会接近尾声时，班主任看到宣传委员制作的视频小片上缓缓打出了一行字幕——"没有什么虽败犹荣，但你们永远是我们的英雄"。意识到教育契机来了！于是，班主任带着学生一起思考了以下问题：如何理解英雄？经过讨论，师生一致认为，赛前已知技不如人的情况下，队员们还用力去拼搏整个过程，这些在赛场上用尽全力拼搏的失败者就是英雄！班主任继续引导学生："在人生的道路上，我们每个人都必须是那个在球场上努力拼搏的运动员，无论暂时拼得过还是拼不过，都要用自己的全力去坚持，这就是我们来人世这一遭的使命！在人生的道路上，我们要追求成绩与名次上的更高、更快、更强，但当我们时运不济时，全力拼搏也无法获得成功，要学会和失败握手言和，做到和这个世界和谐、和睦、和解。只有这样，才能让自己内心既坚定勇敢，又优雅从容，这也是英雄主义的另外一种精彩诠释！"这样的引导及时化解了学生的低落情绪，同时，让学生在面对未来人生道路的坎坷时，也能自己点亮一盏明灯，照亮前方的路。

(3)活动后：多元评价，总结反思，延续成果。

很多活动的策划者、组织者和参与者在活动进行时很有感触，但终究很难将感触化为感悟，难以取得进步，出现这些问题的主要原因在于活动后缺少总结反思。活动后，策划者、组织者、参与者均需对自我、对他人、对活动本身进行总结、反思和评价。只有这样才能发现不足，真正汲取活动营养，实现学生的自主成长和生生、师生的互促成长；也只有这样，才能保持教育的延续性，让活动的教育效果达到最优。

三、案例分享

"我的年度汉字"——年终总结主题活动设计方案

【活动背景】

1. 理论背景

(1)心理社会发展理论：12~20岁是童年向成熟迈进的重要转折点，属于人生中"同一性对角色混乱"的阶段，具体表现为：①对"过去的我"和"现在的我"未予以整合，影响"未来的我"的适性发展；②自己对自己的评价和他人对自己的评价不一致。

(2)多元智能理论——内省智能。

2. 实践背景

(1)学段背景：高二学年，很多学生进入了一个相对迷茫的人生阶段，既没有高一时的雄心壮志，也没有高三面临高考的紧迫感，目标不明确，学习动力不足。

(2)班级背景：①理科普通班。学生虽具备一定的客观、理性、深入分析与解决问题的能力，但因缺少积极主动思考问题的意识，多数表现为被动散漫。②面对学生青春期的叛逆，由于缺乏有效的沟通与交流，很多家长经常对孩子成长过程中暴露出的各种问题束手无策，亲子关系紧张。③学生朝夕相处，彼此了解，感情真挚，关系融洽。

【活动目标】

1. 认知目标：学会自我反省，开放性地面对他人对自己的不同评价，形成较为全面客观的自我认识。

2. 情感目标：感受来自家人、朋友、老师的关怀与关注、鼓励与期冀，增强前行的动力与勇气。

3. 行为目标：学生积极地探索自我、认识自我，规划未来，更好地完成"同一性"发展任务；实现学生与家长的有效沟通。

【活动主题】——"我的年度汉字"年终总结

【活动时间、地点】——（略）

【活动准备】

1. 教师准备

(1)提前布置学生选取一个属于自己的"年度汉字"，并阐明含义及选取缘由；鼓励学生精心设计并制作出精美的"我的年度汉字"卡片。

(2)将全班同学分成5组，学生自愿结组，每组8人。

(3)给家长准备卡片，指导家长为孩子写下鼓励与希望；收齐家长寄语，并制作相关视频。

2. 学生准备

(1)认真总结过去的一年，写下属于自己的一个"年度汉字"，并对这个字加以阐释。同时，精心设计自己的"我的年度汉字"版面。

(2)宣传委员以"我的年度汉字"为主题，设计一块展板，以便张贴全体同学的年度汉字。

(3)布置教室，做好板报设计。

(4)推选主持人。

【活动流程】

1. 导入(5′)：学生自编年终总结歌曲《再遇见》。

2. 学生活动1(15′)："我的年度汉字"交流与展示。

环节一：小组交流。

环节二："我的年度汉字"台前展示。

3. 学生活动2(10′)：为身边的同学写下属于他们的"年度汉字"，并阐明理由。

4. 家长活动(5′)：开启"神秘礼物"。

环节一：播放"家长寄语"视频。

环节二：分发家长为孩子写下的"年度汉字"。

5. 班会总结(5′)

　　环节一：学生谈一谈班会课的感受与体悟。

　　环节二：班主任总结发言。

　　6. 课后总结反思：每位同学写一写组织或参与本节班会课的感受与体悟，发布在班级公众号上。

问题 19 如何进行班级文化建设?

班级文化是指班级整体比较稳定的、相对持久的精神风貌,是班级内部每个成员都认可并遵守的价值追求、道德规范、行为方式等。优秀的班级文化具有一定的标识度,是班级成员的文化认同。

班主任要特别重视班级文化建设,努力形成班级良好的教育生态。这既培养班级成员的集体荣誉感,增强班级凝聚力,也深刻影响着班级成员的自我评价、自我发展。

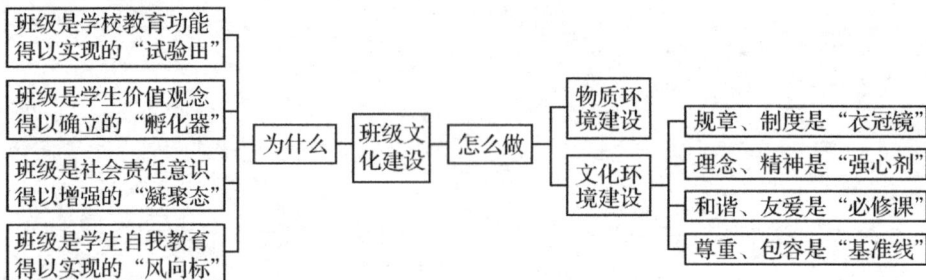

```
班级是学校教育功能
得以实现的"试验田"

班级是学生价值观念                              物质环境          规章、制度是"衣冠镜"
得以确立的"孵化器"      为什么    班级文    怎么做    建设
                               化建设                              理念、精神是"强心剂"
班级是社会责任意识                              文化环境
得以增强的"凝聚态"                              建设              和谐、友爱是"必修课"

班级是学生自我教育                                               尊重、包容是"基准线"
得以实现的"风向标"
```

一、为什么要加强班级文化建设

1. 班级是学校教育功能得以实现的"试验田"

班级是学校的基本组织结构,是现代教育极具代表性的教育形态。作为学生学习生活的公共空间,班级在学校教育功能、教学功能的发挥方面具有重要作用。个体只有基于一定的组织结构、在一定的社会交往中才能更好地陶冶自我、积极地建构自我。

2. 班级是学生价值观念得以确立的"孵化器"

青年期是少年走向成人的过渡期,是形成主体意识、价值观念的关键期,也是面临困惑和迷茫最多的时期。雅思贝尔斯说:"教育即生成。"教育是对人的灵魂的塑造，而不只是理性认识的渊薮。人是文化的主体，文化是人的存在方式。优秀的班级文化可以引领学生形成正确的价值判断、审美情趣、人生境界等。

3. 班级是社会责任意识得以增强的"凝聚态"

对组织的归属感是个人发展的基础。班级不仅提供学生学习知识、提升素养的教育资源，而且提供"具体而微"的"社会"资源。班级履行教育职能，有组织结构，班级成员有共同的价值追求。学生身处其中，有利于解决个体的归属需要问题。集体归属感来源于对班级共同文化的认同。班级成员因为认可共同的文化理念、使用相同的文化符号、秉承共有的思维模式、遵守约定的行为规范……形成对班级文化的强烈认同感，这种认同感具有稳定个人存在感、维持自尊心的心理功能。这种"共情""共理"会逐渐形成班级共同体应该具有的公共精神、参与意识和责任意识，从而形成班集体的"凝聚态"。

4. 班级是学生自我教育得以实现的"风向标"

对于"网生"代的青少年来说，"线下"与"线上"的变换，会让他们或多或少地淡化组织归属感，也会产生人际关系的疏离感。这些都影响着青少年价值观的形成。而与青少年联系最紧密、影响最深远的群体就是班级。无论班委会、团支部等功能型组织，还是研究性学习小组等各种兴趣爱好型组织，这一个个"集合体"的产生都可以促进班级成员在组织生活中确定自我同一性，发展个体同一性。他们会特别关注自己在别人眼中的形象和自己在集体中所占的情感位置。埃里克森说："如果这种自我感觉与一个人在他人心目中的感觉相称，很明显这将为一个人的生涯增添绚丽的色彩。"

总之，积极稳定的班级文化是个体自我教育和自我实现的"加速器"。优秀教育者的使命是把受教育者引领到自我教育的道路上去。

二、如何营造班级文化氛围

班主任是班级文化建设的构建者、引导者，学生是班级文化建设的参与者、实施者，二者都是班级文化建设的"主体"。班主任的价值引领、专业素养令其能够洞悉学生身心特点，把握教育契机，"不违农时"，营造各种教育的"力场"，促进学生成长。班级文化建设过程中学生须"在场"，在形成班级文化的过程中，班主任既要让学生听到正确的声音，也要听到学生正确的声音，更要听到学生对班级文化有力的回声！"双主体"意味着班级文化形成的过程是分享交流的过程，是合成凝聚的过程，是发扬民主的过程。

班级文化应从物质环境和文化环境两方面进行构建。

(一)物质环境是班级的"硬件"

环境是人"塑造"的，反过来环境也"塑造"人。卫生、干净、整洁让人心绪宁静，功能实用、便捷让人不为物累，布置简约、雅洁让人澡雪精神。班级物质环境是班级的显性文化，师生为了共同营造实用功能与审美品位兼备的班级物质环境，应在以下方面贡献巧思与劳动：墙面、板报如何设计，讲桌、书桌物品如何摆放，窗台、书柜空间如何使用，地面、黑板如何清洁……特别是班级的板报，可以记录校园生活，展示学生才华，是学生发现美、创造美的契机，更应着意设计。岁月长久，一期期板报将成为学生中学时代美好的集体记忆。

(二)文化环境是班级的"软件"

班级文化环境为班级成员的发展提供内在、持久的"驱动"力，是班级文化建设的关键。

1. 规章、制度是"衣冠镜"

制度建设是班级正常运转的保证。班规是对班级成员所承担的责任和义务的明确规定，也是处理班级公共事务的原则。班规的制定要以学校常规要求为依据，班级特点为参考。班主任参与班规制定，在关键问题上发挥引导作用。在班规制定过程中，班主任要充分调动学生的参与意识、责任意识。班规内容辐射面要广，如班级理念、文明规范、学习态度、常规要求等。班规条目要清晰，语言要简洁，如头容直、气容肃、立容德、尚实学、知规矩、重然诺……措辞应正向引导，发挥其价值引领、精神驱动的作用。班规确立之后，要严格执行，制度要有延续性，不能朝令夕改。这样学生可以经常进行对照检省，有助于学生形成强烈的道德自律感。

2. 理念、精神是"强心剂"

青少年处于人生观、价值观形成阶段。从青少年自身来看，自我意识的迷茫、自我认同的困惑、价值选择的犹疑等问题的存在会使他们或多或少地存在不确定感。从外部环境来看，科技进步带来的互联网普及重塑人们的社交方式，多元文化的碰撞考验青少年的价值判断与价值选择……在这种情况下，文化认同会起到凝聚人心的作用。班级文化建设中要凸显班级成员共同的价值追求。班级共同的价值追求可以凝练成具体的精神符号，如班徽、班训、班旗；也可以以班服、班歌为载体进行宣传展示。在设计、创作、使用班级的这些文化产品的过程中，学生自然会受到班级精神的激发、感召，在对班级文化的肯定性体认中"强心""健体"，在与他人形成的"共同体"中找到自己明确的发展方向。

开展丰富多彩的班级活动，是形成班级文化的重要途径。班主任可以通过精心设计的系列主题班会来营造班级共同认可的文化气质，如"知'仁'懂'礼'话儒家""文明在我身边""人才素养面面观"等。还可以设计开展主题活动，如走近优秀校友、校园文明调查、"写给未来的自己"征文等。在活动实施阶段，班主任要退至"幕后"，充分调动学生的参与意识，培养他们组织与创新、沟通与合作的能力，发挥不同学生在思想引领、能力展现、人际交往方面的不同作用，关键是让学生在活动实施过程中融入集体，收获友谊，感受成长。这样一种"乐群"的文化，可以让学生在群体中、在我与你"相同"的体验下，重构自我认同感，在班级文化的"裹挟"中成长。

3. 和谐、友爱是"必修课"

和谐的人际关系体现在自我层面、关系层面、文化层面的和谐统一。建立和谐的人际关系是中学生的"必修课"。和谐的人际关系建立在个体与其所处的群体及群体文化统一的基础上。个体在与班级其他成员的交往互动中，扩大交往范围；在参与班级公共事务时，实践交往原则。班主任可以充分利用学校举办的特色活动，如运动会、科技节、才艺展示、新年联欢等，充分调动学生的热情，让学生去规划设计、组织实施。这样会使学生对自己班级的公共事务具有强烈的责任感，对班级共同的成果追求具有强烈的向往感。在具体"任务"的驱动下，学生们会更加注意交流、分享、合作，逐渐形成和谐的人际关系，和谐的人际关系让学生对班级具有强烈的自我认同感和归属感。

4. 尊重、包容是"基准线"

学生固然是教育的对象，但更是教育者尊重的对象。班主任要看到不同的学生有不同的能力，相信有教无类。教育不是比赛，而是一种互动，一种相互借鉴。教育的价值在于引导而非重塑，因为每一个个体都有独特的价值与意义，都是班级文化"拼图"中不能缺少的一块，真正的人文关怀体现在尊重、重视、关心、爱护上。因此，对班级不同学生个性的尊重、包容，是班级文化建设的"基准线"。班级不是"流水线"，教育不是生产"标准件"。"各美其美""美美与共"，才可以促成班级文化的参差多态，守护学生的幸福之源。这也为学生培养人格、探索兴趣创造了新的机遇和途径，让学生从多角度认识自我，也从多角度认识他人，促进学生个体自我意识、集体意识的发展和成熟。

优秀的班级文化可以引领学生选择一种正确的价值观，形成一种真正的文化认同感，融入一个温暖的"朋友圈"，使其从容顺利地度过人生的关键期，并为将来的发展提供精神"钙质"。班级文化建设就是增强育人效果的"催化剂"。

三、班级文化环境示例

1. 班级板报示例

高考前的板报

2. 班级游学报告示例

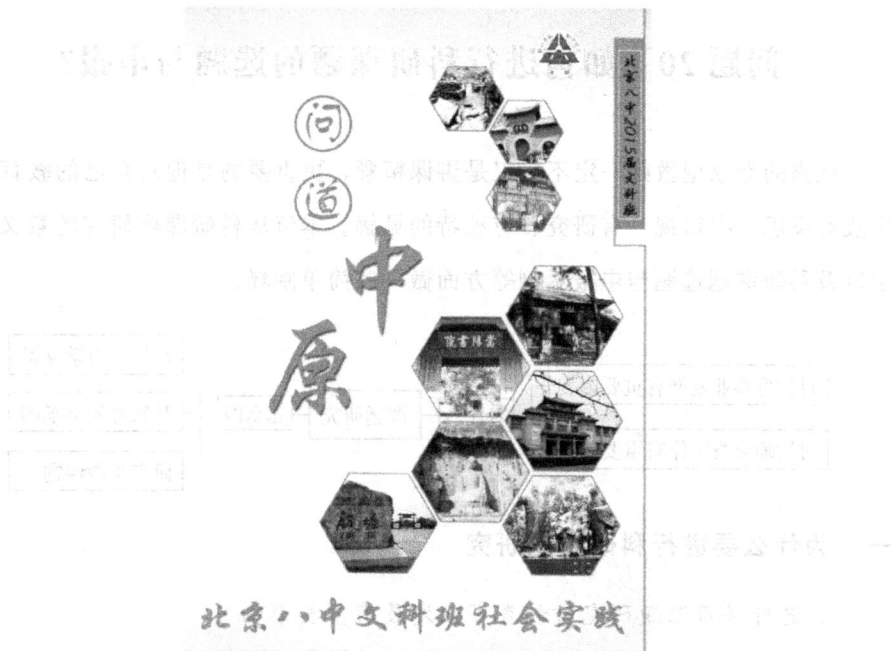

《问道中原》游学活动纪实部分示例

问题 20　如何进行科研课题的选题与申报？

优秀的专家型教师一定不仅仅是讲课精彩，更重要的是他对自己的教育教学实践有反思、有审视、有研究、有独特的见解。本节从科研课题研究的意义、方法以及科研课题选题与申报示例等方面做一些简单阐释。

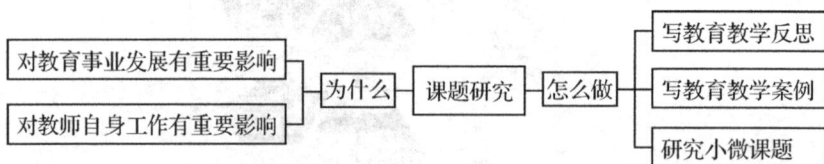

```
对教育事业发展有重要影响 ┐
                        ├─ 为什么 ─ 课题研究 ─ 怎么做 ─┬─ 写教育教学反思
对教师自身工作有重要影响 ┘                          ├─ 写教育教学案例
                                                  └─ 研究小微课题
```

一、为什么要进行科研课题研究

1. 进行科研课题研究对教育事业发展有重要影响

任何社会领域都有可攻关的难题，教育领域也不例外。不管是面对刚刚步入一年级的小学生，还是面对即将高考的高三学生，作为教育者，都有研究不尽的课题。新中国成立以来，我国在各级学制、教育理念、教学模式等方面进行了广泛的课题研究，有力推进了我国各级各类教育的发展。

2. 进行科研课题研究对教师自身工作有重要影响

优秀教师的成长之路离不开严谨、真实、科学的教育教学研究。课题研究并不神秘，也不是高不可攀的，一线教师丰富的教育教学实践是进行科研课题研究的深厚土壤。一线教师要遵循科学的研究方法，秉持求真求实的科研态度，以促进教育教学高质量发展为目标，以立德树人为终极追求进行教育科学研究。教育科学研究是促进教师教育教学水平真正提升的必由之路，是教师从熟练性"选手"向研究型、专家型教师蝶变的重要助推器；科研赋能教师成长。

二、如何进行科研课题选题与申报

(一)科研课题选题的渐进

1. 科研选题不可一蹴而就，要结合自身教育教学实践循序渐进。建议刚进入教育教学岗位 1～2 年的青年教师从写教育教学实践反思开始初步的教科研实践。著名教育专家窦桂梅老师曾说："我最感谢引我走向教学觉醒之路的教育写作——教学反思。"写教学反思的过程其实就是科研的过程，要反思课前和课后，将各种感想特别是课后的一些经验、一些创新之处记录下来。专家型教师的成长经历无一不是一边教学一边总结，他们把自己的反思随时记录下来，把困惑变成反思，把反思变成收获，使得教学技能和智慧在课堂反思中稳步提升。如果青年教师自觉地把自己的课堂教学过程作为研究对象，认真地进行全面而深入的总结和反思，直到找出最佳方案，那么他不仅可以慢慢形成自己的教学思想和风格，并且还可以不断提升自己的教学质量，促进自己的专业成长。

2. 在写教育教学反思的基础上，进行教育教学案例撰写，会更快促进青年教师成长。在撰写教育教学反思的基础上，青年教师可以进行教育教学案例的撰写。教育教学案例是对教育教学实际情境的描述，包括一个或多个疑难问题，同时也包含解决这些问题的方法；教育教学案例描述的教学实践以丰富的叙述形式向人们展示一些包含教师和学生的典型行为、思想、情感在内的故事。案例性事件在教师教学生涯中是层出不穷的，从教师清晨跨进校门到傍晚离开学校，都会有一些值得回味的事例。这些事件或事例完全可以用案例的形式表现出来，教师把事件转变为案例的过程就是重新认识这个事例、整理自己思维的过程。教育教学案例写作可以促使教师更为深刻地认识到自己工作中的重点和难点，促使教师对自身行为的反思，提升教学工作的专业化水平，还可以为教师之间分享经验、加强沟通提供有效的方式。

3. 在不断进行教育教学反思与撰写案例的基础上，教师可以尝试进行微课题研究。"微研究"着眼于当下教师的教育教学行为，着重体现教师对于研究问题以及研究路径的最初思考，具有周期短、切口小等特点。例如，"班主任在开学一周内如何通过班级活动调动学生尽快适应新学期生活"的微研究，就是从实际的教育教学问题出发，着力解决现实问题的微研究。微研究虽然"微小"，但必须遵循课题研究的科学性原则，如研究方法的确定要适用于研究主题、调查问卷的科学性等。教师可以根据自己的教育教学工作实际，围绕工作中的重点、难点、热点展开微研究。

4. 在选择科研课题时，一定不能盲动，可以从以下几个方面考虑。首先考虑国家需要，这是做科研课题的最基本背景，国家对教育的政策和要求，决定课题选题的深刻性和创新性。其次要关注社会热点，这里并不是要盲目追求热点，而是要通过热点，分析教育教学中的真问题、关键问题、瓶颈问题，这将决定课题的深刻性和真实性。最后要关注本地区、本校的亮点，以及教师个人的兴趣和所擅长的方面。例如，有的教师非常擅长做学生的思想工作，就可以选择教育心理、学生心理调适等方面的课题。

(二)科研课题申报的基本类别

课题申报要循序渐进、由易到难，这样才可以逐渐摸索出适应自身发展的科研课题研究的途径和方法。

1. 从申报校级课题开始尝试课题申报。校级课题申报一般由学校科研室负责，教师可通过教研组进行上报。建议首次尝试申报课题的教师选择校级课题进行课题研究的初步尝试。一般情况下，学校的科研室会对申报课题的教师进行课题申报培训。

2. 基于一定研究基础进行市区级课题申报。一般情况下，各市区的教育科学研究院为市区级课题的发布、申报与管理的单位。市区级课题一般分为市区级重点课题、教师专项课题、校本专项课题、"双减"专项课题、青年教师专项课题等。建议具有一定科研基础的教师申报。

3. 省级教育科学规划课题申报。一般省教育科学研究院为省级课题发布、申报与管理的主要单位，省级课题一般分为优先关注课题、重点课题、青年专项课题、校本研究专项课题、延续课题、一般课题六个项目。省级课题一般会在每年的年初，进行课题发布。建议有一定研究能力和研究基础的高级职称以上的教师或获得高级职称以上教师推荐的中级职称教师进行申报，曾经申报并获得市区级或校级课题立项的教师，也可尝试进行省级课题申报。

4. 其他课题申报途径。目前国家级课题申报项目为中国自然（或社会科学）规划办管理，中学教师获得立项的机会较少，不建议申报。中国教育学会和各省教育学会在每年的七八月会发布课题申报指南，建议有一定研究基础的教师尝试申报。

三、科研课题申报的流程与范例（以北京市省级课题申报为例）

在已经选好研究主题，决定去申报课题之后，最重要的是在认真仔细研读课题申报通知的基础上，全力以赴填好课题申报书。

课题申报书是课题申请最重要的依据，申报书一般包括以下几部分。

1. 数据表：有关课题的名称、负责人、题目、参与者等基础信息。

2. 负责人和课题组主要成员近五年来取得的与本课题有关的研究成果。

3. 负责人和课题组主要成员近五年来承担的研究课题。

4. 课题设计论证

此部分为课题申报最核心、最重要的内容，一般包括：

(1)本课题核心概念的界定、国内外研究现状述评；

(2)选题的目的、意义及研究价值；

(3)本课题的研究目标、研究内容、研究假设和拟创新点；

(4)本课题的研究思路、研究方法、技术路线和实施步骤。

5. 完成课题的条件和保证：已取得相关研究成果的社会评价（引用、转载、获奖及被采纳情况），以及主要参考文献；课题负责人和主要成员完成本课题的研究能力；完成本课题的时间、资料、设备及研究手段等。

6. 课题预期研究成果：一般包含阶段性研究成果与最终研究成果。

总之，走上严谨规范的课题研究之路，需要从日常教育教学实践中的"真问题""真思考"出发，立足于"小""微"研究，保持持续的研究，遵循科学的研究路径和方法。科研课题研究将为教师们的专业发展提供更广阔的平台，而教师们也会借助科研课题，让自己的教育影响力发挥到更广泛的范围，最终影响更多的教师加入到科研队伍中来，成就更好的自我，成就更好的中国教育。

问题 21　如何提高班级自我管理能力？

班级是每一个学生在校生活的"家"，是学生实现成长和社会化的重要基础。班级自主管理可以充分发挥学生的主体作用，使他们的身心得到锻炼，个性得到展示，让学生在班级中健康快乐地成长。

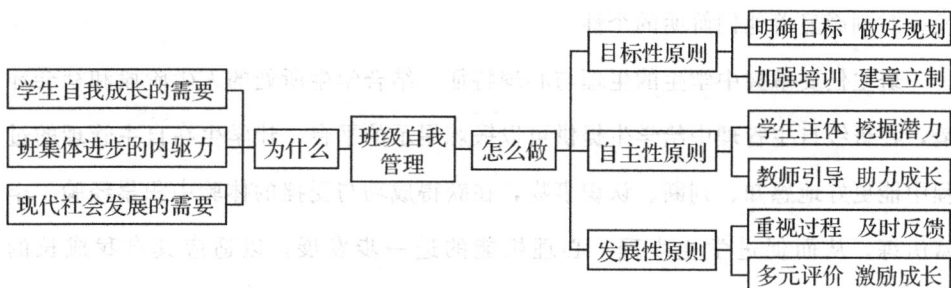

```
                                                    ┌─ 明确目标　做好规划
                              ┌─ 目标性原则 ─┤
                              │                     └─ 加强培训　建章立制
┌─ 学生自我成长的需要 ─┐      │                     ┌─ 学生主体　挖掘潜力
├─ 班集体进步的内驱力 ─┼─ 为什么 ─ 班级自我管理 ─ 怎么做 ─┼─ 自主性原则 ─┤
└─ 现代社会发展的需要 ─┘      │                     └─ 教师引导　助力成长
                              │                     ┌─ 重视过程　及时反馈
                              └─ 发展性原则 ─┤
                                                    └─ 多元评价　激励成长
```

一、为什么要进行班级自我管理

1. 学生自我成长的需要

从生长环境来看，现今的中学生自小便在长辈的呵护中长大，受其生长环境的影响，他们多数不热衷于服务和奉献，主要以自我为中心，以实现自我价值为追求，注重群体意识却缺乏集体责任感和合作观念。受现代社会、科学技术的发展和进步的影响，中学生在生活中有自己的处世态度和方式，但经常不能很好地处理自己与他人、社会及国家的关系。

从人生阶段来看，中学生正处于青春期阶段，自信、活力、创造力是他们鲜明的标签。处在青春期的中学生，身体的发育进入第二个高峰期，不仅体力大增，而且活动能力也得到了迅猛发展。在生理发育的基础上，中学生的心理发展也日趋成熟，一方面，他们的独立意识和成人感增强，迫切希望人们以成人的眼光看待他们，承认他们的成人地位，热衷于独立自主地进行各种活动；另一方面，他们又缺乏必要的知识与能力，而传统的班级管理方式又造成了他们对教师仍有一定的依赖性。因此，中学生处于想独立而不能独立，希望自由又不会自由的阶段，在行动中表现出既懂事又不懂事、既自觉又不自觉、既有主见又无主见的矛盾现象。中学生的这种独立性与依赖性的矛盾，体现了学生从依附到自主的转化，是人生中的重要转折。

从社会环境来看，信息时代下的中学生眼界和知识面相对扩大，他们有自己的思想主见，可塑性和依赖性较大。在全社会提倡素质教育的大背景下，当今的中学生有广泛的兴趣爱好，各具才能，在集体中敢于表现自己、发挥自己的特长，时刻彰显着他们鲜明的个性。

班主任要掌握中学生的生理与心理特征，结合学生所处的人生阶段和社会环境，在班级自主管理中给学生提供可以锻炼展示的平台，让学生在自主管理的过程中能更好地感知、判断、认识事物，在获得成功与受挫的体验中积累经验、丰富历练，从而促进学生生理、心理机能的进一步发展，以适应其自我成长的需要。

2. 班集体进步的内驱力

班级自我管理的实质是启发、引领、鼓励学生进行自我管理、自我评价、自我调控、自我实现潜能，目的是使学生学会生存、学会学习、学会创造，培养学生的社会责任感。班级自我管理让学生亲历自身的成长过程。教师可以通过丰富多彩的教育活动引导学生感受德育的流动，体会自身成长的脉动，并在过程中不断调整自身成长姿态，保持与班集体健康发展的共振。

根据勒温创立的团体动力学的理论，班级实际上是作为一个动力整体单位而存在的，并在教师、学生和家长的交互作用中发展。班级自主管理使处在不同学习方向和层次上的学生有了充分展示自己、表现自己的机会，而成功的喜悦又进一步激发了学生的主动参与意识，使学生的自我管理能力、创新能力得到增强。学生在积极参与班级自主管理的过程中发展的平等交往、友好合作和团结互助的良好个性品质等是班级团队精神的体现，是班级发展的根本动力，这些都将成为班集体进步的内驱力。

3. 现代社会发展的需要

知识经济时代的竞争最终归结于人才的创新能力之争，这一切仅仅依赖学科教学改革是远远不够的，还需要教育工作者寻求新型的教育管理模式来满足现代社会对创新人才培养的需要。班级自主管理以学生全面发展为主，班级自主管理旨在培养具有主体人格和进取精神的创新型人才，尊重每个学生，培养学生主动学习和自主管理的意识与能力，帮助学生形成自立、自信的优良品格，促进其潜能得到充分发挥，进而树立自尊自信，获得成就感，提升个人价值，为今后更好地服务社会、造福人类奠定基础。

二、如何提高班级的自我管理能力

1. 目标性原则

明确目标、做好规划是班级自我管理的前提。班主任要摒弃只满足于完成指令任务的状态，立足于班集体的全程发展和学生的一个完整发展的阶段（如高中三年），去思考班集体的建设，去规划学生的发展。班主任要根据每届学生的特点和不同学段的任务认真定位，明确班级发展目标和规划。要在开学初与学生沟通交流，征求学生的意见和建议，与学生一起描绘班级未来发展的愿景。

加强培训、建章立制是班级自我管理的保障。有了共同的班级奋斗目标后，班主任只需把准大方向、掌握大政策，不必事无巨细、事必躬亲，对学生多一些信任、多一些肯定，更能充分发掘学生的潜能。班主任可以在班级自主管理的初始阶段，利用早读、班会等时间加强培训，根据班级发展需要和学生个人的意愿，建立班级自我管理模式，通过多种途径与学生共同拟定《班级自我管理条例》，以建章立制的方式为班级自我管理提供制度保障。

2. 自主性原则

自主性原则指的是在班级自主管理中发挥学生独立性、主动性和创造性，使学生积极主动地发现问题、研究问题与解决问题，并经过努力获得知识与发展能力。

学生主体，发掘潜能。自主性原则强调学生是班级发展的主体，也是班级管理的主人。一方面要面向全体学生，让不同层次和基础的学生在原有基础上有所提高、有所前进、有所发展；另一方面要着眼于每位学生的全面发展。"把班级还给学生"主要是让学生真正意识到自身的主人地位，担负起班级管理和发展的主人职责。班主任可从每位学生的实际特点出发，放手让学生开展活动，最大限度地发挥他们的主动性，引导他们积极参与班级自主管理，充分发挥每位同学的潜能。

教师引导，助力成长。班主任在班级自我管理的过程中要坚持做到：凡是学生有能力处理的事情，班主任决不越俎代庖；凡是应由学生完成的任务，班主任就要放手让学生自主完成；凡是涉及学生利益的事，班主任要引导学生自主解决。班主任应该是"导师"，把工作的重点放在引导学生、发展学生的自主性、能动性、创造性上，努力实现班级发展的自我设计、自我管理和自我教育。班主任的"隐退"会将学生推上自主教育、自主管理的舞台，让学生逐渐在班级自我管理中由他律改为自律，增强自我责任感和学习主动性，提升思维活跃度，具有较强的分析问题、解决问题和总结问题的能力，使学生关心集体，形成良好的道德品质。

3. 发展性原则

发展性原则是在班级自我管理过程中，用发展性评价模式通过多元评价激励学生成长的原则。

重视过程，及时反馈。发展性原则的标志在"发展"，班主任要依据班级目标，重视过程，及时反馈，促进学生发展。班级出现问题，班主任要引导学生寻找解决问题的方法，因为学生成长的秘籍就在学生的自我实践中，所以一定要重视过程，及时反馈。当学生具备了成长性思维，开始主动探寻成长的秘籍时，他们就具备了成长的能力，学生的发展会让班级管理效率成倍提高，班级的发展也将获得强大的原动力。

多元评价，激励成长。在班级自我管理中，干部民主选举，定期轮换，一人一岗，会让学生体验不同角色的矛盾冲突，实现组织建设的民主化，形成班级管理和师生关系和谐发展的局面。积极构建教师、同学、自我、家长多元评价体系是班级自我管理最重要的环节，教师评价使学生快乐成长，同学评价让学生学会相互欣赏，自我评价能促进学生正确看待自己，家长评价可以鼓励学生主动发展。实践证明，学生的成长需要释放多元潜能，多元评价更能激发学生的发展性。通过多元评价，学生不断地认识自我、发展自我、完善自我，不断积淀、发展、优化其自我发展结构，更好地促进德智体美劳等方面素质和谐地发展。

班级发展目标的每一次调整都是由近期目标向远期目标发展的过程。因此，班级自我管理的每一个循环，都是螺旋式向上发展的开始；班级自我管理活动的每一次组织和评价，都是活动形式和效果的不断完善和提高；学生个体在班级活动中的每一次角色体验，都会激发出学生新的思想和生命的火花。在班级自主管理中要重视过程，及时反馈，多元评价，激励成长。要正视学生之间的差异，在方法要求上体现一定的层次性，不强求一律，也不强求一蹴而就。要用发展性的思想去引导班级工作，用发展性的思维去处理班级事务，用发展性的举措推动班级的健康成长。

三、班级自我管理的案例分享——高中阶段"部委制"自我管理模式

"部委制"是在班级建立一套完全由学生组成的自我管理组织机构，是由支部书记、班级主席、学习部、生活部、行为部和文体部等部委组成的自我管理、自我教育、自我服务、自我监督的学生自治组织机构。

1."部委制"自我管理模式运行机制

（1）明确目标，做好规划

结合学校的教育理念、学生的实际情况，细化高中三年的培养目标。

高一的目标：适应高中，积极体验，养成良好习惯。

高二的目标：广泛涉猎，拓宽眼界，培养文科兴趣。

高三的目标：潜心钻研，提升品质，享受高三生活。

目标体系建立后，在具体的实施过程中采用"部委制"自我管理模式。

（2）组建部委，建章立制

在以目标为导向的教育过程中，与学生商定"部委制"班级自我管理的模式。

学生根据部委制的组织设置和自己的意愿，通过提出申请——竞选演讲——民主测评等民主程序产生班级主席、支部书记、各部委的部长，建立自治组织；部委制主要成员共同拟定《班级自治管理条例（征求意见稿）》，充分征求意见，并进行修订完善，遵照执行。

(3)明确分工，责任到人

各部委根据各自职责，确定工作内容，通过各部委和学生的双向选择，学生百分之百任职。各部委每学年轮换一次，为每位学生发挥潜能、强化自治、提高素质创造了必要条件，形成了个个是主人、人人有事做的班级自主管理氛围。

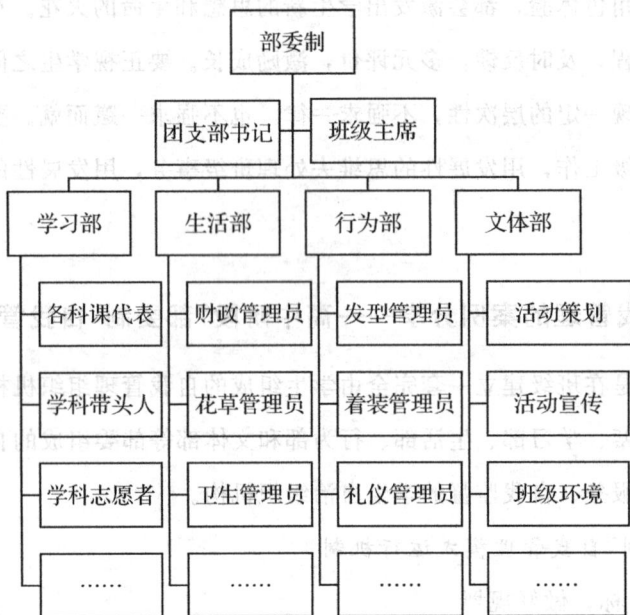

```
                        部委制
                         │
              ┌──────────┴──────────┐
         团支部书记              班级主席
              │
   ┌──────────┼──────────┬──────────┐
 学习部      生活部      行为部      文体部
   │          │          │          │
各科课代表  财政管理员  发型管理员  活动策划
   │          │          │          │
学科带头人  花草管理员  着装管理员  活动宣传
   │          │          │          │
学科志愿者  卫生管理员  礼仪管理员  班级环境
   │          │          │          │
 ……         ……         ……         ……
```

(4)加强培训，明确职责

为提高自治水平，开展系列培训，指导学生认真学习《中学生守则》《中学生行为规范》，明确学校、社会对中学生提出的行为要求、道德水准等，力争把"理"说明白，将"理"内化为自觉行动，让学生理解"自我管理"、参与"自我管理"、受益于"自我管理"。在此基础上，指导学生集体讨论、细化规范、确定职责和实施办法。在具体实施中，注重发现问题，引导学生通过"自我管理"的机制解决问题，帮助学生更好地理解民主集中制的内涵和价值，理解做事的方法和做人的道理。

(5)评价总结，反思激励

根据马斯洛需求层次理论，尊重是更高级的需求，每个人都希望得到他人的欣赏，得到社会的肯定。最后的评价与反思是"部委制"自我管理的重要环节。"部委制"自我管理模式的评价是来自学校、家长和学生的多元评价。班级主席在每周末和每月末会组织工作诊断，肯定优势，发现不足，制订策略，改进提升；支部书记组织各部委根据学校和家长的评价，结合实际工作，充分研讨，制订下一阶段的目标和工作措施。通过上述机制检验班级自我管理的得失，并不断提高自我管理的水平，同时促进学生自我反思、自我激励，实现自我教育、自我超越。

2."部委制"自我管理模式的实践

"部委制"自我管理模式下的活动开展需要各部委联动完成。通常要经历以下三个过程。

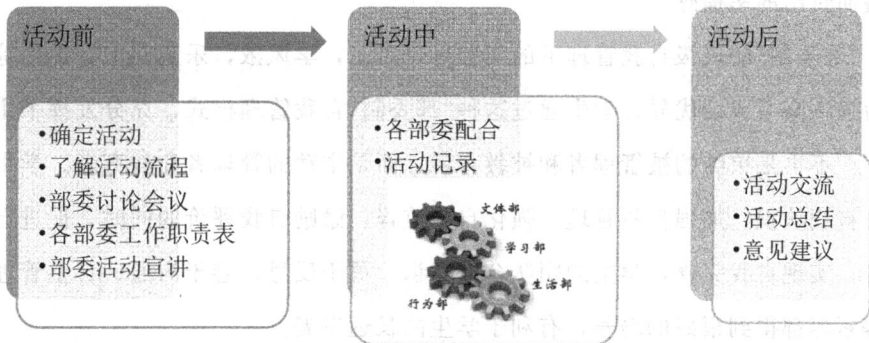

"部委制"自我管理模式的实践证明，学生管理得井井有条，班级日志记录了学生们的成长。

(1)系列化的班级活动

支部书记组织各部委围绕参观"砥砺奋进的五年成就展"的班级活动开展系列专题汇报会；围绕"改革开放四十年，中华人民共和国成立七十周年"开展"我和我的祖国"为主题的系列活动；围绕"十八岁"开展以"责任、感恩、担当"为主题的系列活动；精心策划云南、成都两地颇具特色的文科游学活动……

(2)系统的班级文化建设

班级文化是班级的灵魂，是班级全体成员的共同价值观、共同思想和行为准则。班徽的设计由全员参与，经全班投票后选定；班规先经分组讨论，再由全部同学集体通过确认；班服由行为部综合班级成员们的几种设计方案集体讨论确定；班歌由文体部牵头，在广泛征集意见的基础上创作；学习部精心设计的以"青春、友谊、奋斗、成长"为主题的"高三倒计时牌"一直陪伴班级全体成员到离校的最后一天；高考后各部委共同策划编制的《青春足迹 载道承壹》记录了高中生活的美好回忆……

支部书记在总结中写道："工作中，我需要策划活动、起草计划、撰写总结……种种事务十分烦琐甚至有些枯燥，但每次努力完成任务时，看到老师的充分信任和大力支持，看到各部委忙碌的身影，看到同学们积极参与的情景，心中总会涌起一种愉悦。支部工作让我体会到一种弥足珍贵的归属感，一种出于集体利益而付出的幸福感。"

"部委制"的班级自我管理下的实验班班风正，学风浓，乐观向上，学生综合能力强，高考成绩优异。学生通过这种"部委制"自我管理模式，充分发挥了主体作用，不再是单纯的被管理者和被教育者，而是主动的管理者和教育者。学生在提升自我认识、加强自我管理、强化自我监督、激励自我评价的同时，促进自我教育，实现自我完善，学生的团队合作意识、勇于反思、善于沟通、自主管理能力等素养都得到很好的培养，有利于学生的长远发展。

每个学生都渴望成长，都希望被肯定，班级自我管理为学生提供公平地发现自我、发展自我的机会，作为教师的我们常常感动于学生们的倾心付出，惊讶于学生们多方面的潜质，欣慰于学生们快乐、健康地成长……

问题 22　如何进行家校沟通？

家校沟通是家校合作的前提和保障，是家庭和学校为了实现共同教育目标而进行的信息传递和思想交流，是教师专业素养和专业能力的外在呈现。

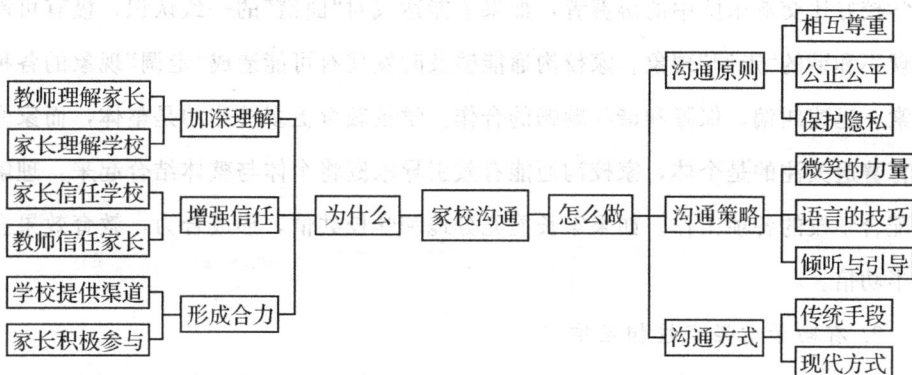

一、为什么要进行家校沟通

1. 有助于加深家校相互理解

家校相互理解是家校合作的重要前提。苏联教育家苏霍姆林斯基认为，只有学校和家庭的教育者志同道合、一致行动的时候，才能实现被教育者的和谐、全面发展。家校沟通为家校相互理解架起桥梁，而家校相互理解成为家校合作的"支柱"。

在沟通中，教师首先应该理解家长。家长来自社会各个层面，教育理念、自身素养以及对孩子的培养目标、习惯要求千差万别，家校沟通有助于教师了解家长的工作性质、家庭教育提供给学生的环境和氛围、家长对孩子和对学校的期待等相关信息，教师只有充分掌握这些信息，才能更好地从成长环境上理解学生，制订出对学生有效的教育策略。在家校沟通中，教师还应关注、了解家长的性格特征、心理因素、为人处世的方式等，灵活选择沟通方式和沟通策略，使沟通因人而异，达成良好的沟通效果。例如，在和一位身体情况不好，爸爸常年在外地工作，只能独自承担教育孩子任务的妈妈沟通时，可以先充分肯定她的付出和不易，更容易拉近情感上的距离。

在沟通中，教师也应引导家长理解学校。引导家长充分理解学校的教育理念，理解班主任的带班理念，要在认识上家校步调一致。及时向家长阐明学校各种安排、决策、做法的缘由和良苦用心，引导家长和学校站在同一出发点。家长和学校好比交响乐队中的协奏者，如果不能达成对"曲谱"的一致认识，极有可能出现不和谐的"走调"现象。家校沟通能够及时发现有可能造成"走调"现象的各种因素，迅速纠偏，保障和谐与顺畅的合作。学校教育更多关注的是整体，而家庭教育普遍关注的是个体，家校沟通能有效引导家庭将个体与整体结合起来，理解和配合学校的各项工作。如果家长能充分地和学校共情，形成合力，教育效果会事半功倍。

2. 有助于增强家校相互信任

家校相互信任是家校合作的重要保障。家庭教育与学校教育相辅相成，家长的信任和支持可以提升教育的效果；而对家长来说，学校教育和教师的帮助指导能弥补自己在教育专业上的不足。因此，家校之间建立正面的、相互信任的联系是家校合作的起点。

在实际教育活动中，由于家校沟通不畅，家长对学校理解片面或家庭教育能力不足等种种因素导致家校之间信任缺失的例子比比皆是。家校沟通对构建家校信任感起到非常重要的作用，古语说"亲其师，信其道"，只有通过良好的家校沟通，形成家庭与学校的情感联结，使彼此相互理解，才会形成信任的纽带。试想，一个不信任学校、不信任老师的家长，怎么会配合学校教育，实现好的教育效果呢？

家校沟通，是破解家校信任危机的密码，学生和家长需要与老师和学校建立起有效的沟通机制。每一个学生的困惑或每一位家长的不解，如果能够得到及时的解释、劝慰，就能在第一时间"灭火"，当学生和家长通过和老师的沟通，理解了学校的良苦用心的时候，他们一般情况下都愿意"大事化小、小事化了"。如果每一次家长遇到了教育的难题，老师们都能给出有效的建议和方法，孩子的问题也得以逐步解决，家长怎么会不更加信服老师，信任学校呢？

3. 有助于形成家校相互合作

党的二十大报告指出，要"健全学校家庭社会育人机制"。家校合作是落实党的教育方针的必然选择。也是提高育人效能的必由之路。

家校沟通，能够有效增进家校互信，使家庭、教师和学校达成持久的合作。学校是教育的主体，家庭也同样是教育重要的阵地，可以通过多种沟通方式，让更多的家长参与到学校活动中来，也要创建更多的渠道让家长了解学生在校的生活和学校的教育理念。学校和教师可以向家长提供有针对性和可行性的家庭教育指导，双方在对彼此的理解和信任中合作，在合作中加深理解和互信。一个能够全面了解孩子的发展情况，感受到孩子进步与快乐的家长，会更愿意与学校合作去助推孩子成长。

二、如何进行家校沟通

1. 沟通的原则

家校沟通是为了学生的学习和成长，家校沟通的效果对教育教学的效果将产生直接而深刻的影响，为达成良好的沟通效果，应秉持如下原则。

首先，相互尊重。家长与学校是合作关系，双方应该保持平等、互信和友好的关系。在沟通的过程中有礼有节，不仅能够彰显教师的道德修养，也能使家长对教师产生好的印象，增强信任感。其次，公正公平。教师在和家长沟通时，要以诚相待，对事不对人，要让家长明白沟通是为了推进孩子的成长。再次，将心比心。要能够用平和冷静的态度面对家长的情绪，能够理解和体谅家长的压力与困难。最后，保护隐私。要在沟通过程中具备保护隐私的意识，避免在公众场合批评指责，避免泄露家长和学生的个人信息和家庭情况等隐私。

2. 沟通的策略

三尺讲台，面对的是"万家灯火"，教师在沟通中面对的家庭是千差万别的。因此，沟通要因人而异、因时而异，需要不同的方法和策略。

首先，要面带微笑。微笑是一种接纳，一种宽容，能沟通心灵，增进信任。微笑能使人产生亲和、舒缓的感觉，会缓解对立情绪，赢得家长的好感。其次，要讲究语言的艺术性。学生的家庭情况各异，每个家长的阅历、素质、性格不同，对学校教育的配合度和信任度也存在较大的差异，教师要理解和接纳这种差异，应用不同的谈话风格和技巧来面对不同的家长，要耐心倾听合理的诉求，也要坚定果断地拒绝无理的要求。和家长沟通时，要先讲孩子的优点，再说孩子的不足。讲孩子的优点时，要说得具体，语言要热情积极；指出孩子的缺点时，要有理有据，语气要舒缓婉转。最后，要多倾听，会引导。给家长充分的时间表达他们的情绪和观点，教师应耐心地倾听，最好能积极地回应或用笔记一些要点，家长会感到被理解、被尊重。要善于使用"皮格马利翁效应"，即"期待效应"，把对学生的肯定、期待和激励充分地向家长表达，让家长与孩子、学校站在一起，面对问题，解决问题。

3. 沟通的方式

家校沟通的方式多种多样，既有传统的家长会、家访、单独约谈等，也有现代信息技术下的电话联络、家长群、微信、公众号等。教师特别是班主任，如果能善于使用多种渠道与家长沟通，那么一定能够增进家长对学校教育的全方位认识，提升教育教学效能。

传统方式——家长会、家访或单独约谈。在每学期的期中、期末或是一些重大教育教学事件的前期，学校通常会安排一次家长会。教师要对每一次家长会的主题目标有清晰的认识和精心的准备。尤其现在基本上采用年级家长会后再进行班级家长会的形式，要强调重点事项，同时避免过多的重复性内容。家长会以整体情况介绍为主，总结班级前期工作，提出当前的问题和建议，培育向上的信心。家访一般安排在假期，也可以通过线上的方式进行。家访主要是增强对家庭情况、家庭教育理念、亲子关系等问题的了解和把握，建议和家长、孩子共同进行，避免让孩子产生"告状"和"告密"的感觉，同时有利于观察亲子关系，为后续的家庭教育指导提供方向。单独约谈建议非必要不使用，学生比较忌讳"找家长"，家长对单独约谈的反应通常也是比较忐忑和紧张的。如有必要，一定要和家长讲清楚单独约谈的原因，使家长感受到被重视，而不是成为被指责、受批评的对象。

现代方式——电话、家长群、微信、App、公众号等。打电话的优点是直接，但缺点是不易留下谈话内容的记录，遇到个别善谈的家长可能耗时耗力。另外，由于其即时性的问题，也容易产生情绪冲动或不严谨的应答。家长群除了通知、接龙的功能以外，最好的功能是可以将学生在校的活动图片或视频及时和家长分享，使家长能够了解学生在校的生活。微信方便个别联系，具有即时性，效率也比较高，并且可以根据教师的时间安排来调整回复消息的时间，同时有充分的时间对发出的文字进行斟酌和润色，能够作为教育痕迹留存。家校沟通 App 功能比较强大，在填写表格信息和发放成绩等功能上有充分的保密性，在布置作业和批改作业后，不仅学生能见到，家长也可以了解到学生的完成情况和教师的批语。公众号也是家校沟通的一个好帮手，不仅能让家长们通过文字、图片和视频了解孩子们的在校生活，更重要的是能让家长看到孩子们在经营公众号的过程中，在写作、排版、组织能力等方面的提升，而且可以一键转发，既方便家长们发朋友圈和亲朋好友分享，也能扩大学校和班级的宣传力度。

三、家校沟通示例

1. 线上家访

家访前，最好为本次家访准备沟通的问题设计一份问卷，这样既能有效提升家访的效率，也能为沟通扩展一些话题。例如，针对暑期接了高二新班做班主任的情况，准备这样一份问卷。

学情调查问卷

学生姓名＿＿＿＿＿＿＿	手机号码＿＿＿＿＿＿＿
父亲姓名＿＿＿＿＿＿＿	手机号码＿＿＿＿＿＿＿
母亲姓名＿＿＿＿＿＿＿	手机号码＿＿＿＿＿＿＿
家庭地址＿＿＿＿＿＿＿＿＿＿＿＿＿＿＿＿＿＿＿＿＿＿＿	

1. 在原班级担任的任务＿＿＿＿＿＿＿＿＿＿＿＿＿＿＿＿＿＿＿
2. 在新班级有意愿担任的职务＿＿＿＿＿＿＿＿＿＿＿＿＿＿＿＿＿
3. 用三个词描绘你目前的学习状态＿＿＿＿＿＿＿＿＿＿＿＿＿＿＿

4. 用三个词描绘你目前的心理状态 _____

5. 用百分比描述你假期作业完成的情况 _____

6. 你的特长或者兴趣爱好 _____

7. 想要和新班主任老师说的话 _____

_____

在问卷结尾，还可以设计一份时间表，让家长和学生商量比较合适家访的时间，这样会让家长和学生了解到班主任对这次家访的重视，双方也都有充裕的时间进行准备和交谈。

8. 本周即将开始家访活动(微信视频)，请和父母商量，在下列时间中勾选你们方便的时间。(要求：父母至少一名，和孩子一起参加线上家访；时长：5～10分钟)(可多选)

	8/4	8/5	8/6	8/7	8/8	8/9	8/10
10:00～12:00							
14:00～17:00							
18:00～20:00							

家访后，要记录双方的交谈内容，形成家访记录单，方便对学生的状态进行追踪。

L同学及妈妈，2021年2月1日 9:00～9:25

目标：鼓励信心、降低焦虑、调整学习方法

主要问题：情绪波动、成绩不稳、身体不适带来的缺课

建议：1. 更加专注于自己的目标，减少外界干扰

2. 适当地发泄情绪，不伪装，不内耗

3. 抓住主干知识，合理分配时间

4. 调理身体，加强体育锻炼

Z 同学及妈妈，2021 年 2 月 1 日 9:40～10:25

目标：鼓励信心、提升勇气、调整学习方法

主要问题：课堂参与度低，答疑少、自我的信心不够，和大家的交流少、存在感低

建议：1. 课前预习，增加课堂表达和交流的机会

2. 多跑老师的办公室答疑

3. 与其他同学增加学习或者生活上的交流沟通

4. 承担一项家务，提升自我价值和自我满足感

2. 班级公众号

班级公众号是家校沟通的有效途径，家长可以通过班级公众号了解学生在学校开展的相关活动。

3. 单独约谈及个性化沟通

"危机型事件"通常需要单独约谈，处理得当则能化险为夷。

某天晨检的时候发现 S 同学未到校，也没收到家长的请假消息，和家长沟通后，家长反馈已在半小时前将孩子送到了学校附近。在学校内遍寻无果，赶紧又和家长电话联系，询问入校的确切时间，准备查监控。家长突然很紧张地说，早晨在送孩子的路上因为手机的事情，父女俩起了争执，孩子是哭着提前下的车。这时，班主任一边安抚家长，一边迅速记下孩子到学校附近的时间，同时向年级组报备，申请查监控。就在大家都非常焦急的时刻，孩子哭着出现了，原来她在和父亲争执之后，情绪比较激动，不愿意让同学看见她流泪的样子，便在提前下车后躲了起来，同时她也想通过"消失"这样的方法，让家长在意她的安危，从而懂得她的不满。虽然是虚惊一场，但在和孩子进行充分的沟通、引导和教育后，还是有必要尽快和家长谈一谈。所谓危机，既是危险，也是机遇。学生出问题的

时候，往往正是教育的契机。

于是，班主任约了孩子的父母下午到学校附近谈一谈。之所以要约父母一起，是想全面了解家庭对孩子的教育方式，以及父母双方对这次事件的感受和应对的方法。与孩子的父母沟通后，班主任发现父母在家里对孩子的要求比较严苛，家庭氛围比较紧张。例如：孩子拖沓，父母就唠叨，父母越唠叨，孩子就越拖沓，如此恶性循环；每次考试后，父母总是喜欢找各种不足，平时以打击孩子的教育方式为主。班主任耐心地听他们讲述后，给他们举了一个例子，让他们双方感受总是收到来自外界的指责会是什么感觉。例如，工作了一整天，又辛苦为全家准备了丰盛晚餐的妈妈，面对孩子和爸爸一上桌就开始挑剔，说这个咸了、那个淡了的情况。吃完饭后，爸爸本来打算去洗碗，这时候孩子和妈妈直接喊："快点，都吃完了，还不赶紧把碗洗了。"请孩子父母试想一下，听见这样的号令，爸爸是否还愿意去洗碗？当孩子父母明白了这样会带来不好的情绪感受之后，班主任也给他们讲述了孩子在校一天的生活有多么辛苦，孩子又是怎样努力，并拿着成绩单给他们分析孩子在哪些方面取得了比较大的进步，教他们用正向思维、用积极的态度去影响孩子。随后，班主任又把孩子到校后的情绪反应给父母讲了，让他们明白孩子需要的是他们的爱和理解。最后，班主任向他们阐述了一个事实，即对于选择纯文科的女孩子，情绪感受是第一位的，文科生的思维是"场依赖型"，因此一定要给孩子创设好的情绪感受，才能为孩子的学业保驾护航。孩子的父母都表示回去之后，会尽力改变和孩子的相处模式。他们不仅是这样说的，回去也是这样做的。后来听说，当晚爸爸给孩子道了歉，孩子也向家长承认了自己的错误。一家人很快消除了误会，孩子的情绪很快恢复了平稳，在接下来的期中考试中也发挥得很好，取得了进步，期中考试后学习劲头更足了。

综上，家校沟通是连接学校教育和家庭教育的重要桥梁，是每个教师尤其是班主任不可或缺的关键能力，是助力学生健康成长的基础保障。

问题 23　如何开好家长会？

家长会是班主任的常规工作之一，开好家长会能够在家庭和学校之间建立一种"理解、信任、目标一致"的联系，促进家校合作，形成教育合力，助力学生扬帆前行。

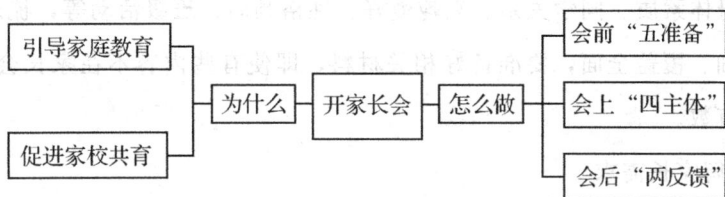

引导家庭教育　促进家校共育　→　为什么　开家长会　怎么做　→　会前"五准备"　会上"四主体"　会后"两反馈"

一、为什么要开家长会

1. 家长会是引导家庭教育的契机

苏霍姆林斯基说过："如果没有家庭的高度教育素养，那么不管老师付出多大的努力，都收不到完美的效果。学校出现的一切问题都会在家庭中折射出来，学校产生的一切困难的根源也都能够追溯到家长。"通过家长会，教师可以引领家长认识当今教育发展的动态，指导家长在具体情境中施教，介绍班级及学生发展的特点，激发家长参与班级建设的热情。

2. 家长会是促进家校共育的平台

通过家长会家长可以了解学校的育人方针，了解教师的育人理念，了解孩子的在校表现。在理解和沟通的基础上更有针对性地对孩子实施教育，让孩子健康快乐成长。家长会为家长与教师进行更好的交流建立了一个平等交流的平台，这个平台可以促进家校相互沟通，形成合力，营造多方积极良好的育人环境，促进孩子全面健康地发展，从而拥有更加美好的未来。

二、如何开好家长会

1. 会前"五准备"

班主任开家长会前，特别是年轻班主任，应该做好以下工作，以便让家长会产生更好的效果。

(1)梳理班级情况

班主任要在班会前梳理本班学生的各方面情况，如思想动态、心理特点、学业情况、身体素质、同学关系、兴趣爱好、性格倾向、班级活动等，梳理的情况要充分详细、覆盖全面，要准备好相关材料，即使有些内容不在家长会上交流，但要心中有数。

(2)了解家长需求

不同的家庭培养出不同的孩子，不同的家长在孩子的教育上也有不同的困惑。家长会前，班主任可以通过多种方式了解家长的需求，如问卷调查、电话联系、学生访谈等，班主任可以选择几个有代表性的问题，在会上深入分析，指点迷津。

(3)邀请任课教师

尽管班主任能够向任课教师了解学生各科的学业表现，但每个孩子具体的学业情况一定是任课教师了解得最清楚；任课教师对本学科的年级情况有更全面的了解，如果任课教师能参加家长会，家长就能更全面地了解班级情况，同时家长也可以在会后与任课教师联系共同探讨学生的教育问题。

(4)准备会议材料

制作课件。班会课件既是班级总体情况的展现，也是班主任发言思路的体现，课件整体风格应该简洁明了，温暖向上。课件可以包括以下几个内容：班级情况介绍、活动展示、近来出现的问题、希望家长配合的工作等。课件要图文并茂，内容要言简意赅，形式要温馨多样。

班级视频。班主任可以把学生在校的日常学习生活与班级各种活动中的场景串联起来制成视频，配上音乐与文字，在家长会上展示给家长，家长可能会目不转睛地观看，甚至还可能有家长流下感动的泪水。要注意，在制作视频时，最好保证每个孩子的上镜率大致相同。

下发材料。家长会前，可以准备一些材料在家长会上发放，可以是学生各方面综合表现的数据汇总、教育心理学方面的方法指导材料、学生在校活动的照片集锦、学生参加研究性学习或课题的研究成果、阶段总结等。要把每个孩子的多方材料汇总，发给家长，让家长多方了解孩子在校的表现。

（5）布置环境

家长会前要布置好教室，为家长们营造一个宽松友好的环境。要保证黑板报或公告栏的内容是最新的，在黑板上写上欢迎的话语；可以让学生在课桌上留下欢迎的字条给自己的家长，请家长坐在孩子的课桌旁；留一块地方展示学生的作品或作业。

2. 会上"四主体"

（1）班主任

阐释带班理念。家校共育会产生更好的教育效果，而共育的前提是同心同德、同舟共济，这就需要班主任把家长组织起来，双方秉持共同的目标，和谐共建。"共"来自教育观念的共识，班主任可以利用家长会，特别是第一次家长会，阐释带班理念，赢得家长的支持与配合，共建和谐的班集体。带班理念要站在更多孩子的角度构建，要在班级内有更广泛的意义；要站在孩子终身发展的角度，促进孩子未来发展；还要关注孩子德智体美劳，关注孩子心理等诸多方面。带班理念决定了日常教育工作中处理问题的态度与方法，家长会上要具体阐释，这不是空洞缥缈的，而是实在切近的。比如，带班理念可以是"通过教育教学塑造舒展而蓬勃的生命状态"，无论成绩如何，无论能力高低，无论家境怎样，都能够有积极向上的生活态度，都能够自信勇敢地面对困难，这并不是一件容易的事情，特别是当今，有的孩子自卑懦弱、抑郁压抑，如何引导这些孩子走出迷茫，需要家校统一认识，共同促进孩子发展。家长会上，引导家长关注孩子的发展而不只纠结于成绩的高低，是一个并不容易的问题。

阐释带班理念如此重要，班主任可以参考以下方法进行阐释。

设身处地是重要的切入点。站在家长困惑的角度切入，而不是班主任居高临下地教训或袖手旁观地指责，能让家长感到班主任对孩子教育的真诚，能让家长和教师之间消除隔膜，而要想做到"设身处地"，班主任就要做足功课，会前将分析学生状态与了解家长需求等工作做到实处。

现身说法也是阐释带班理念的方法。班主任可以请往届优秀学生的家长来介绍教育方法，会前班主任可以做好安排，让往届学生家长用鲜活的有说服力的具体例子来分析论证，也可以请孩子变化大的家长分享经验，以说明教育理念的重要性。

讲明三年规划。带班不是一朝一夕的事，班主任从接班之时就要做长远打算，做长久规划。家长会上，班主任要向家长介绍带班的长久规划，带领家长把教育孩子放到日常工作生活中，而不是只在考试后或出现棘手问题时。班主任带的不同班级，三年规划也是不同的，制订计划前要做详细的调查、深入的分析，包括学生以往的各方面表现，也包括家庭特点等诸多因素，制订切实的三年规划。在第一次家长会时，班主任要向家长做详细的阐释说明，与家长形成共识，当这种共识深入家庭时，才会真正发挥作用。

班主任不应只是上传下达的传话筒，也不应只是处理临时问题的裁断者，而应该在带班中教育孩子成人成才，要在具体的琐事中，在日常的管理中，引导孩子如何做人做事。家庭和学校是学生生活成长的主要场所，家长和教师达成共识，会对孩子的成长有利。因而家长会上，班主任要向家长讲明三年规划，让家长配合，孩子在家如果出现了问题，家长要和教师统一思想，共同教育。

三年规划不是固定不变的，而应该随着孩子的变化逐渐调整，调整的是措施，不变的是教育思想。学生在家庭和学校出现的问题不一样，具体的事件不一样，但一定有共同的因素。学生的品德、心态、习惯等非智力因素，在很大程度上决定了学生的言谈举止，班主任要通过家长会，带领家长学会分析孩子言谈举止背后的原因，从而对症下药。

介绍班级状况。家长往往很关心孩子在校的表现，班主任可以在家长会上播放班级情况的视频。这就需要班主任梳理班级各方情况制成视频，如日常表现、各种活动、班级优势与不足等，要注意每个孩子上镜率应大致相同，其间可插入班主任评价的语句，鼓舞全体家长关注集体的发展，正面引导孩子参加班集体建设。这种方式还能够让所有家长和学生认同自己是班级的一员，有存在感，进而有责任感。

除了视频，班主任还可以发放准备好的材料，让家长多方了解班级情况，让家长看到自己孩子的优点，也看到其他孩子的优点，引导家长认识到，孩子取长补短是丰富自我的重要途径。班主任要强调，家长应该做班级的建设者，参与其中，添砖加瓦，而不是鉴赏家，居高临下，袖手旁观。

学习情况的介绍也是家长会不能回避的内容，班主任要设计好成绩单的内容，引导家长正确看待成绩。

介绍班级状况还包括很多内容，在家长会上如何介绍也有方法可寻，班主任在设计家长会内容时，要以产生更好效果为初衷，并要做足功课。

(2)任课教师

宣讲学科情况。任课教师要介绍班级不同学科的学习状况，及学习中体现出来的品德、态度、习惯等，引导家长思考教育问题。任课教师往往从学科的角度比较具体地介绍班级情况，班主任要引导家长寻找不同学科中体现出来的共性，如面对困难、与人交往、意志品质等，思考如何引导孩子"心动"再到"行动"。

(3)家长代表

交流经验。可以遴选在亲子关系、家庭教育方式、家校合作等方面有做法、有感受、有成效的家长在家长会上做经验交流。

(4)学生代表

分享生活。家长会也可以让全班同学或部分同学参加，让学生感到自己和家长一样，可以平等地思考班级建设和自身发展的问题，而不把家长会当成教师向家长告状的会议。家长会上，学生干部可以汇报班级情况，学生课题组可以汇报课题成果，兴趣小组也可以汇报展演，等等。家长会可以为学生搭建平台，成为学生锻炼自我的机会。但要注意，家长会上的这种学生汇报不宜过多。

3. 会后"两反馈"

家长会后，班主任可以设计反馈表让家长填写，也可以从学生表现方面得到反馈。之后，班主任根据反馈结果可以调整班级管理工作中的策略，也可以调整家长工作策略。班主任要把学生和家长调动起来，让他们参与班级建设，让每一个人都认同自己是班集体的一员，有存在感，才能真正实现家校合作，达到和谐共建的效果。

当然，在首次家长会后，还可以成立家委会，引导家长参加具体的班级工作，让家长会的效果延伸到日常工作中，让家校合作产生更大的效益。

家长会是家校形成合力的机会，体现了班级管理的智慧，班主任应该充分利用家长会，建起家校合作之桥，让教育开出绚烂之花。

三、样例

高一第一次家长会——同心同德　同舟共济

（一）总原则

建立相互信任的家校共育的基础。（学校—家长—学生）

（二）会前准备

1. 会前调查家长的困惑与需求。

2. 物质准备：家长会课件、班级自组建以来的活动视频、期中考试成绩单、文章《高一学生心理特点》。

【注意】各种材料的准备，内容要体现班级风貌，表扬各项活动中为集体付出的学生和家长，学生上镜率均等，体现班主任对各项工作的重视，关注每一个学生。

3. 人员准备：九位任课教师。

（三）会议程序

1. 期中成绩分析。

（1）从成绩说起，但不止于成绩。

（2）体现教师的高度，分析要有高度、有深度。

(3)让家长感受到教师对学生的关心。

【注意】要利用教师的同理心让束手无策的家长找到支柱，一下子把家长拉到班主任一边，不要把家长推到学校和教师的对立面。

2. 阐释带班理念。

(1)三年规划："让生命舒展蓬勃"——理想信念、情感态度、身心健康、习惯方法。

(2)本学期目标：适应高中生活。

3. 阐释工作策略：无声中润物，浸润中感染。

4. 阐释班级建设：和谐、团结、积极、大气。

5. 介绍近期工作。

(1)时间：从军训到运动会。

(2)内容：按时间段分项说明，从日常、体育、科技、团支部、班级建设等方面，举例说明班级情况，体现班主任是在总目标下展开的具体工作。

(3)评说：由事及理地分析学生背后的习惯、态度、价值观，指出班级优点与不足，指出问题所在，指明班级发展方向。

6. 各科教师介绍班级情况。

7. 介绍下一阶段学习活动安排。

8. 指出希望家长配合的工作。

(1)构建温馨和谐的家庭氛围。

(2)不断努力，和孩子一起成长。

(3)与孩子一起读书讨论。

(4)与孩子交流社会热点问题。

(5)不提特殊要求：请假(上课、长跑、活动、晚自习)。

(6)班级建设上，希望家长学做建设者，不做鉴赏家。

9. 教育孩子的策略方法指导。

(1)家长帮助孩子学会正确看待成绩。

(2)家长要学会如何与高中孩子沟通。

（3）孩子遇到困难时，如学习、人际等，是教育的好时机。

10. 对高一家长的温馨提示。

教育中，和自己孩子有关的问题，处理的总原则是：包容孩子成长但不纵容孩子任性；每个孩子的一生都不是平坦的，如果孩子要摔跤，在我们面前摔倒，鼓励孩子自己站起来，之后目送孩子前行。

11. 公布各科教师的联系方式。

12. 播放班级活动小片《九班，我的家》。

（四）会后

1. 成立家委会。

2. 了解家长会效果。

专业知识篇

问题 24　如何实现以心育德、以德养心?

尽管德育与心育的侧重点与内容不尽相同,但二者有着内在的联系。以心育德,以德养心,有助于增强德育的实效性,培养学生健康的个性。

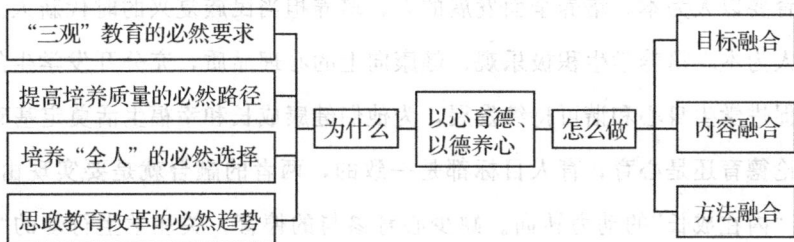

一、为什么要进行以心育德、以德养心

学校教育旨在促进学生的全面发展,要五育并举,以德育为先。德育与心育同属品德教育范畴,一个注重行为培养,一个倾向心理辅助。以中学生为例,他们正处于身心成长的关键期,教师不仅要关注学生心理发展特点,而且要结合育人目标展开道德教育与培养,让学生主动矫正言行,实现健康成长。以德养心——以心育德——立德树人,既是一个完整的培养过程,又是德育工作的目标体现。将德育与心育有机结合,是当前学校德育工作面临的重要课题。

德育离不开科学的心理干预,离不开心育的支持和补充,而心育又少不了德育的导向、调节和促进,心育不能背离德育的方向。以心育德、以德养心,是"三观"教育的必然要求,价值观教育只有内化于心,才能外化于行,只有寓价值观引导于心育之中,才能更好地帮助学生树立正确的世界观、人生观、价值观。以心育德、以德养心,是全面提高人才培养质量的必然路径,其出发点和落脚点都是让学生保持身心健康,塑造良好品德,成为德智体美劳全面发展的社会主义建设者和接班人。以心育德、以德养心,是培养"全人"的必然选择,这是由育

"全人"本身的整体性所决定的，是由学生"三观"养成的系统性所决定的。以心育德、以德养心，是思想政治教育改革发展的必然趋势，这是由学校教育的整体性所决定的，也是落实立德树人根本任务的要求。

二、怎样进行德育与心育的融合

1. 目标融合

德育要以人为本，培养全面发展的人，培养担当民族复兴的时代新人。心育也要以人为本，培养学生积极乐观、健康向上的心理品质，充分开发学生的心理潜能，促进学生身心和谐可持续发展，为他们健康成长和幸福生活奠定基础。

无论德育还是心育，育人目标都是一致的，两者的融合就是要实现由"外在要求"向"内在成长"的动力转向。缺少心育参与的德育，关注学生行动的"对"与"错"，即思想是否"进步"，而忽略了学生真正的心理感受。心育与德育的融合，会让学生从内心深处去认识和接受事物，这样才能让德育真正走进学生的心灵，产生内在的驱动力，从而让学生形成正确的人生观和世界观。

2. 内容融合

心理健康教育可以全面推进素质教育，增强学校德育工作的针对性、实效性和吸引力，开发学生的心理潜能，提高学生的心理健康水平，培养身心健康、具有社会责任感、创新精神和实践能力的德智体美劳全面发展的社会主义建设者和接班人。

3. 方法融合

德育的主要方法是说服教育、榜样示范、情感陶冶、自我教育、实践锻炼等，多采用理论灌输。心育则采用团体辅导、心理训练、问题辨析、情境设计、角色扮演、游戏辅导、心理情景剧、专题讲座等方法，让学生从内心自觉地接受教育，学会用自己的力量来解决问题。

德育和心育的方法融合，就是基于以人为本、同理共情的原则，根据学生心理发展特点和个性特征，与学生建立平等、信任关系，理解学生的需要和内心的真正想法及感受，引导学生寻找自身问题的原因，而不是纯粹地动用规章制度进行处理。这样会减少德育工作的阻力，不仅为学生接受德育奠定了良好的心理基础，而且使德育工作做到以人为本，体现了人性化。

三、案例分析

有一位老师（以下简称 Z 老师）遇到了这样一件事。在她任课的七年级的某个班里有一个个性很突出的男生，他戴着圆圆的眼镜，有圆圆的脸盘、圆圆的身材，因为正好也姓朱，所以班里的同学都亲切地叫他小朱。小朱很有才，画得一手好画，对事情的见解也明显地超越他这个年龄。但在他的身上也集中了一些独生子女不可避免的缺憾：孤独，常常以自我为中心思考问题；聪明，不屑于踏踏实实地钻研；受宠，无法平和地接受失败和批评。就是这样一个孩子，在班里引起了一次不小的班徽风波。

一次政治课上，Z 老师布置了一个课外活动，让学生给自己的班级设计一个班徽。同学们都很有创意，设计了不少主题鲜明、内容积极向上的作品。但是小朱同学设计的班徽却是一只长得像麦兜的小猪，而且这只小猪的头上还顶了一坨屎。

1. 传统的德育处理方式。

这个作品被班主任无意中发现了，于是小朱同学被严厉地批评了一顿，因为班主任认为这样丑化班级的形象是对集体的侮辱，绝对要旗帜鲜明地给予批评。

在学生不明白自己的行为有什么不对的时候，教师只是用一种惩罚的方式告诉学生——这样做是错的，仅仅告诉学生一个结果，而没有告诉学生这样做为什么是错的。俗话说："知其然，知其所以然。"对于青春期的学生，这样做换来的是师生间的对立与不信任，同时对于学生的成长也会起到破坏作用。

2. 德育与心育相结合的处理方式。

Z 老师一开始也和别的老师、同学一样，认为小朱实在是太过分了，怎么能用这样的形象去代表班集体呢？后来在与小朱沟通的过程中，Z 老师才开始明白为什么他要把班徽设计成小猪，也开始后悔当初没有好好找他了解一下就在心里草率地做了判断。有人说，语言的交流是肤浅的，只有心灵的交流才是人世间最动人、最温暖的经历。那么，如何才能达到心灵沟通的效果呢？

（1）善于发现每个人的光

人本主义心理学家相信"人性本善"，提出以人为本的理念。何为以人为本，就是要发现每个人身上的光，即优点。发现每个人身上的光能够让他人打开心理防线，为更好地沟通做好情感的铺垫。

Z老师在与小朱沟通的过程中，看到了他身上的光，首先肯定了小朱同学参与课堂活动的积极性，称赞他画的画很棒、很有创意。小朱看到老师这样欣赏他，对老师的防御心理就慢慢地消退了，并开始和老师滔滔不绝地谈论他画的班徽。

（2）学会换位思考

教师在与学生沟通的过程中，先要放下自己的价值判断，学会站在学生的角度看待问题。放下自己的价值判断，不是让教师不作为，而是让学生真正地感受到被理解、被接纳，此时学生才能将自己的真实想法与教师分享，教师才能知道如何帮助学生成长，因此"不作为"是为"作为"做准备。孩子眼里的世界与成年人是不同的，如果教师可以用孩子的眼睛看世界，用智者的心灵去思考这个世界，也许结果就会不同。在现实中，教师常常不自觉地用成年人的观点、看法和思维方法去要求、评判学生。到头来，不仅不能解决学生成长中遇到的困惑、问题，相反，还会好心做坏事，伤害到学生脆弱的心灵。教师只有真正理解了学生的所思所感，师生之间才会建立起顺利沟通的桥梁。

Z老师在跟小朱的谈论过程中，了解到这个学生因为属猪又姓朱，自己最喜欢画的东西是小猪，还在家里养了两只荷兰猪，他觉得猪是世界上最可爱的动物，所以他要用他最喜欢的动物来作为班级的象征，说明他也很喜欢现在这个班集体。

（3）了解行为背后的真实想法

每种行为背后都有一种想法作为支撑。哲学中有这样一个观点——要学会透过现象看本质。行为就是现象，而行为背后的想法才是本质。美国著名的人本主义心理学家马斯洛认为，人的一切行为都是由需要引起的，他提出了著名的需要层次论。马斯洛把人的多种多样的需要归纳为五大类，并按照它们发生的先后次序分为五个等级：生理需求、安全需求、社交需求、尊重需求和自我实现需求。马斯洛指出：同一时期，个体可能同时存在多种需要，人的行为往往是受多种需要支配的；每一个时期总有一种需要占支配地位。

小朱正处于青春期，这个时期独有的矛盾心理让他情绪情感起伏比较大。同时，也正处于小学升初中的适应阶段，这个时期社交需求占主要地位。

另外，我们也要关注画本身。心理学中有一种测验叫投射性测验。这种测验主要是通过一些来访者的作品分析来访者内心深层次的想法。这个班徽让我们看到了小朱内心真实的渴望。在麦兜故事中，小猪头上顶一坨屎的形象是存在的，这个形象常常代表着失落、自我效能感很低的弱势群体，他们希望能够得到他人的关注和认可。从而可以看到此时的小朱内心有一种被老师和同学关注的需求。

Z老师找到小朱和他进行了一次长谈，谈话中Z老师发现其实小朱并不是不知道这样的形象会引起别人的看法，但一是因为他喜欢小猪，二是因为他也想表现自己的个性，所以设计了这样的班徽。同时Z老师也发现小朱在小学里是一个非常优秀的学生，老师和同学都很关注他，他是带着小学的光环进入初中的，而这个光环也导致小朱在适应初中时出现了一定的问题。

（4）建立正确的价值观

价值观是指一个人对周围的客观事物（包括人、事、物）的意义、重要性的总评价和总看法。像这种对诸事物的看法和评价在心目中的主次、轻重的排列次序，就是价值观体系。价值观和价值观体系是决定人的行为的心理基础。价值观是人们对社会存在的反映，是社会成员用来评价行为、事物以及从各种可能的目标中选择自己合意目标的准则。价值观通过人们的行为取向及对事物的评价、态度反映出来，是世界观的核心，是驱使人们行为的内部动力，它支配和调节一切社会行为，涉及社会生活的各个领域。那么，如何帮助学生树立正确的价值观呢？

在前面情感铺垫的基础上引导学生，学生比较容易接受。例如，就一些问题和学生一起讨论，澄清学生的价值观，并适时进行引导。

Ⅰ讨论：你画完这个作品的感受是什么样的？

答：很开心，觉得很好。

Ⅱ讨论：那你想过老师和同学看过会怎么评价吗？

答：同学们应该很喜欢。老师们会说不好，和我们有代沟。

Ⅲ讨论：当老师和同学看到这个作品是什么评价呢？

答：同学们和老师都很生气，认为我的作品是对班集体的侮辱与不尊重。没想到同学们也这样认为。

Ⅳ讨论：那你认为一个好的班徽应该是什么样子呢？

讨论结果：一个好的班徽应该能给人积极向上、团结奋进的精神引领。

Ⅴ讨论：那你画的这个小猪形象能够代表我们可爱的班集体吗？能起到精神引领的作用吗？

讨论结果：如果这个作品只是平时的一幅作品的话没有问题，但是作为班徽是有些不合适。画的作品没有错，只是时间和地点以及所用的场合不对。小猪虽然可爱，但却起不到这样的积极作用，因此也就达不到设计班徽的初衷。张扬个性没有错，但是也应考虑他人的感受，毕竟张扬个性也是因为希望得到他人的欣赏和肯定，如果不考虑别人的感受，结果只会适得其反。

Ⅵ讨论：那你现在应该做些什么呢？

讨论结果：自己重新设计一个既有创意又能体现班级风貌的班徽。

后来小朱同学重新设计了一个班徽，班主任还在班里特意展示了他的作品。

德育和心育是密不可分的。"以心育德、以德养心"是提高教育实效的一种思路，是整合教育力量的一种举措。利用心理学的规律和方法，能够真正地做到以人为本，让学生敞开心扉，而德育是帮助学生树立正确的人生观和价值观。只有学生心悦诚服地接受教育，教育才会产生效果。这也是教育的最高境界——润物细无声。教师要在学生的心田播下种子，首先要让学生敞开心扉，愿意接受这颗种子。心理教育就是让学生打开心扉的钥匙，而德育就是种子。无数事实证明，青少年的健康成长需要"德育"，更离不开"心育"，"德育"与"心育"关系密切，相互促进，共同发展，只有赋予青少年学生健康的心理和健全的人格，才能帮助他们形成良好的行为习惯和道德品质。

问题 25 如何应用教育心理学成果指导教育教学?

教育心理学是研究教育教学情境中学与教的基本心理规律的科学,是心理学与教育学的交叉学科,兼具理论性和应用性。它不仅是心理学的重要领域,更是教育学的根本基础。

教育是涉及多维度、多因素的复杂过程,广义的教育除学校教育以外,还包括家庭教育、社会教育和群体教育等。狭义的教育是指学校情境下的教育活动,包含五要素和三过程。五要素是指教师、学生、教育内容、教育手段和教育环境;三过程是指学习过程、教学过程和评价反思过程。教育心理学通过探索教育过程中所涉及的各种心理现象的变化和发展的规律,帮助教师准确了解问题,为教育教学提供科学指导,提升育人效果,加强教育实践和研究的相互促进和发展。

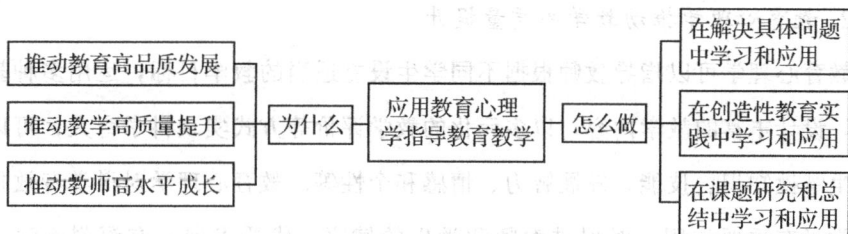

一、为什么要学习教育心理学

1. 教育心理学推动教育高品质发展

根据我国教育实践的特点和深化教育改革的要求,教育心理学包含以下内容:(1)教育心理学的基本理论,主要是学科性质特点,包括研究对象、结构体系、基本内容、发展史和研究方法等;(2)学生心理发展特征与教育;(3)学习活动与教学活动的心理规律;(4)学生品德心理的形成和发展;(5)学生健康体质和审美心理的形成与发展；(6)学生心理健康与教育；(7)学生个别差异与智力开发及测量；(8)现代教育技术学与个别化教学；(9)学习成绩评定；(10)教师心理学；等等。

教育心理学研究成果是一座丰富的宝库，教师可以通过学习教育心理学深入了解学生，为不同学生提供适合的教育，激发学生潜能，促进学生的全面发展与健康成才。例如：当学生反复擅自离开座位时教师应该怎么办？传统教育认为，每当学生站起时，都应该提醒他留在自己的座位上以帮助学生记住这条纪律。如果听之任之，不仅这位学生不会懂得遵守纪律，整个班级都将无法管理。教育心理学研究表明，当学生擅自离开座位时，教师首先应该询问原因，而不只是提醒学生遵守纪律，或批评甚至强迫学生坐下，而是应该通过了解学生的真实需求，达到帮助和教育学生的目的。又比如，当一位学生非常注重学习成绩的时候，传统教育认为，这是有上进心的表现。从教育心理学的动机理论出发，过多注重成绩，是外在动机较强的表现，需要把学生的学习动机引向内在动机，如好奇、兴趣、自由探索等，促进学生的深度学习和思考探索。

2. 教育心理学推动教学高质量提升

教育心理学可以指导教师根据不同学生设立适当的教学目标，运用多种教学策略，设计丰富的教学内容，以多元化的教学评价等方式实现科学育人；可以帮助学生掌握知识、技能，发展智力、情感和个性等。教育心理学对科学有效指导教与学具有重要作用，对促进教师和学生的健康、优质发展具有深刻而深远的影响[1]。

例如，维果茨基的最近发展区理论启示教师应考虑在最近发展区内设立教学目标、选择教学内容并采用支架式教学和合作教学等策略引导学生掌握新知识，形成新技能，再通过动态评估的方式持续观测学生的发展，不断激发学生的学习

---

① 胡东武，陈爽，吕灿文，等. 当代教育心理学最新进展综述[J]. 广州市公安管理干部学院学报，2014，24(1)：51—58.

潜能，推动学生学习水平的提升①。在设计教学策略和教学内容时，可以借鉴凯勒的 ARCS(Attention、Relevance、Confidence、Satisfaction)教学模型，该模型提供了四大类共十二种教学策略，采用 ARCS 教学模型设计的课程可以有效地引起学生的注意，与学生自身密切关联，提升学生的自信心与自我效能，并让学生和教师均获得满意的教学结果②。在教学评价方面建构主义理论启发教师在教学评价中应采用多种方式，除传统的终结性评价外，还应注重过程性评价和增值性评价等，有助于全面评价和促进学生的发展③④。

3. 教育心理学推动教师高水平成长

学习教育心理学在教师发展的各个阶段均能有所助力，教育心理学能够帮助教育者在信息化时代以积极的态度进行学习与研究，并成为其终身成长的最佳伙伴。(1)胜任新手期。教育心理学可以为教师提供科学性与技术性指导，帮助教师习得教育教学的技能与方法，这对于新手教师成功胜任教师岗位是至关重要的。有证据表明，接受过"儿童发展与学习"课程训练的新手教师在教学岗位上的留任率是没有受过此类训练的教师的两倍。(2)助力发展期。教师在成长过程中总会遇到各种棘手的难题与挑战，教育心理学可以为教师提供解决问题的方法，让教师在解决问题的过程中得到切实的成长。(3)消除倦怠期。职业倦怠是在长期压力体验下不能顺利应对工作压力时的一种衰竭状态，而教师是职业倦怠的高发群体⑤。学习教育心理学有助于引导教师重新思考教育的内涵，帮助教师找到工作的价值与意义，重新树立起对工作的热情。(4)突破高原期。教师在专业发

① 李洪辉."最近发展区内的相互作用"在教学中的完美体现[J].中学物理，2023，41(1)：41—44.

② Keller J M. Development and Use of the ARCS Model of Instructional Design[J]. Journal of Instructional Development，1987，10(3)：2—10.

③ 汶莎莎，孙刚成.增值性评价：促进每一个学生可持续发展[J].上海教育科研，2022(3)：70—75.

④ 李志涛.过程性评价纳入高校招生评价体系的国际经验与启示[J].中国考试，2021(2)：69—76.

⑤ 邢金萍.综合干预，缓解中学教师的职业倦怠[J].中国教育学刊，2005(6)：52—54.

展过程中普遍存在着"高原期"①，学习教育心理学对于教师的持续发展具有关键意义，教育心理学可以帮助教师在熟练掌握教育技能的基础上，突破自身的发展瓶颈，在实践和研究中不断创造，成长为一名既懂科学又讲艺术的教育专家。

二、如何应用教育心理学

1. 在解决具体问题中学习和应用

教师在日常教育教学工作中会遇到很多复杂多变的问题，有些问题可能没有现成的或很好的答案，解决方法也因人而异。教育者对每一个问题的认真对待、思考和解决，都会对自身的专业成长起到促进作用。

教育心理学研究发现，问题解决是非常有效的学习方式，尤其是适用于成人学习者。教师在教育实践中可能遇到师生关系不佳、学生沉迷网络、人际冲突频繁等问题，如果找不到合适的解决策略和途径，很可能会导致问题严重化，甚至造成职业倦怠②，教育心理学成果可以为教师解决问题提供及时有效的指导与帮助。例如，班主任 Z 老师发现一名学生有沉迷网络的倾向，学生家长也十分焦虑，Z 老师第一次遇到这样的情况，她积极查阅教育心理学书籍和相关文献了解中学生沉迷网络的现象、可能原因、心理需求及应对策略，并单独与学生进行深入谈话，最终了解到学生最近常常上网是因为感受到较大的学习压力，同时也是享受与同伴一起玩游戏、有共同话题的愉悦感，于是 Z 老师尝试每两周开展一次生动有趣的班级心理团建，让学生放松的同时也增进同学们之间的情感交流。

2. 在创造性教育实践中学习和应用

相关研究发现，教育心理学成果的合理运用能够增进教师的工作效能感、内在动机、教学反思和专业发展③，生成更多关于创造性教育实践的智慧，提升教师和学生的创造力。

---

① 孙春福. 骨干教师如何突破专业成长"高原期"——兼谈基础教育教研与科研的融合[J]. 江苏教育研究，2022(25)：36—41.

② 李平. 基于问题解决的教师教学反思路径研究[D]. 重庆：西南大学，2008.

③ 蔡锦芳. 论教师教学效能感的提升策略[J]. 广东教育(综合版)，2022(10)：64.

例如，一名物理教师发现自己的课堂教学中存在学生听课消极的问题，他抱着解决问题和帮助学生的心态，积极了解学生的心理特点和物理学习基础，吸收教育心理学认知学派强调启发式教学的观点，通过改进教学设计并加强与学生互动，成功解决了学生听课消极的问题，最终取得良好的教学效果。又如：有些教师能够在理论与实践经验的基础上，积极落实课程改革提倡的自主、合作、探究的学习模式，采用小组合作学习；在课堂教学和学科作业中做到"少而精"，减少思维含量少的练习；每学期进行 2～3 次教学有效性调查，为其把握教学起点和反思教学效果提供科学的量化指标。

教师若以积极的态度，持续运用教育心理学中有效的方法开展创造性教育教学实践，不仅能够让学生切实受益，也能推动自我发展。

3. 在课题研究和总结中学习和应用

在开展教育教学与科研工作中，教师可以加强对以下两方面教育心理学内容的学习：一是基础性的教育心理学理论知识；二是最新研究成果与发展趋势[①]。教师可以在专业杂志、报刊等传统媒体上查看教育心理学的相关理论知识，也可以关注各种专业会议、在职培训活动内容。此外，还可以主动提炼自己的教育心理学研究成果进行发表，在与优秀同行的交流中借鉴经验、得到激励。随着时代发展，互联网的丰富平台资源也可以为教育教学指导提供便利的服务，为终身学习提供保障。

教师还可以通过写论文、申报科研课题等对自己的教育教学实践进行总结研究，在论文写作和课题研究中，教师往往能真正深入学习和思考教育教学中的很多问题，把有价值的成果和教育学、心理学成果相结合，创造出崭新的教育智慧。

---

① 张苗苗. 如何有效应用教育心理学研究成果提高教学成效[J]. 成功（教育），2011 (02)：195—196.

三、应用案例

Y 老师的成长故事

Y 老师是一名有 3 年教龄的初中地理教师，去年也成为了一名新手班主任。Y 老师表示在教育教学工作中时常会面临一些困惑和挑战，在解决问题和应对挑战时，除了向身边优秀的前辈、同伴寻求支持，更重要的是学习教育心理学进行自我指导，正如她所言："在这几年的教育教学工作中，我深刻体会到教育心理学的研究成果已成为自己化解问题、不断成长的加油站。"

入职初始，Y 老师在地理教学中遇到了许多挑战。比较典型的是在教学中对于问题提问难度把握不准，有时太难，需要提示学生太多信息才能有所回应；有时又太简单，还没启发学生答案就已呼之欲出。Y 老师抓住这个契机，积极探索问题出现的原因和解决办法，在此过程中重温了教育心理学家维果茨基的"最近发展区"理论，Y 老师意识到把握好最近发展区是提升地理教学中提问质量的关键所在。后来在讲解中国黄土高原的水土流失一课时，她就充分利用学生之前已经掌握的知识，请他们自主分析出黄土高原水土流失的危害以及相对应的措施，由于准确把握了学生的最近发展区，Y 老师在地理教学中的提问和活动设计变得更有针对性，也让学生更喜欢上地理课了。

Y 老师当了班主任后，发现在班级管理中面临更多具体的育人问题，每一次问题的认真解决都让她获益良多，她对教育心理学的学习也逐步深入，并开始尝试做一些有趣、有创造性的教育实践。比如，她发现班里孩子陆续进入青春期，开始出现一些传绯闻八卦的现象，她并没有强烈禁止或批评学生，而是积极学习青春期儿童的身心发展规律，理解学生八卦现象背后的需求，并联合心理教师根据 ARCS 教学模型设计《你"八卦"了吗》心理团辅课，对班内的八卦现象进行了成功的疏导。

Y 老师积极参与多项征文比赛，认真对待班会课，并积极撰写育人故事等活动任务，有意识地将其整理为论文，并在《中学地理教学参考》《中小学数字化教学》杂志上发表。Y 老师的书桌上常备一本书《地理教育心理学》，她认为经常翻翻此书能够给予她在地理教育教学中一些新的启发和思考。此外，Y 老师也主动跟随同组优秀教师参与课题研究，在教育实践中更深刻理解"学习动机""自我效能感"等教育心理学中的重要概念，她的教育心理学理论基础和实践水平也不断得到丰富和提升。

分析 Y 老师的成长过程可见，教育心理学不仅成为其教育教学的科学指南，也作为她解决实际问题的必备工具。通过广泛学习并综合借鉴教育心理学的相关成果，Y 老师的教育教学工作初步取得了良好成效，促进了学生发展。Y 老师的成长故事还在续写，我们坚信在未来的成长道路中，Y 老师一定会与教育心理学碰撞出更多、更美的智慧火花！

问题 26　如何理解基础教育的价值和意义?

基础教育是面向全体学生的国民素质教育,其根本宗旨是为提高全民族的素质打下扎实的基础,为全体适龄儿童少年终身学习和参与社会生活打下良好的基础。基础教育对于提高中华民族的素质,培养各级各类人才,促进社会主义现代化建设具有全局性、基础性和先导性的作用。

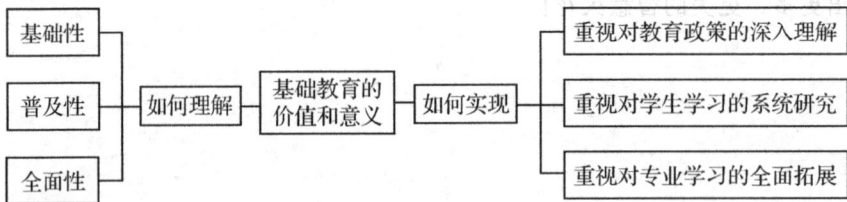

一、如何理解基础教育的价值和意义

联合国教科文组织认为"基础教育是向每个人提供最低限度的知识、观点、社会准则和经验"的教育。《义务教育课程方案(2022 年版)》中指出义务教育要坚持德育为先,提升智育水平,加强体育美育,落实劳动教育;要求反映时代特征,努力构建具有中国特色、世界水准的义务教育课程体系;要聚焦中国学生发展核心素养,培养学生适应未来发展的正确价值观、必备品格和关键能力,引导学生明确人生发展方向,成长为德智体美劳全面发展的社会主义建设者和接班人。《普通高中课程方案(2017 年版 2020 年修订)》中指出我国普通高中教育是在义务教育基础上进一步提高国民素质、面向大众的基础教育,任务是促进学生全面而有个性的发展,为学生适应社会生活、高等教育和职业发展作准备,为学生的终身发展奠定基础。普通高中的培养目标是进一步提升学生综合素质,着力发展核心素养,使学生具有理想信念和社会责任感,具有科学文化素养和终身学习能力,具有自主发展能力和沟通合作能力。

相对于教育系统中的其他教育类型或层次，基础、普及和全面是基础教育的重要特征。基础教育的基础性主要是为个体的持续发展奠定基础，为各级各类学校教育培养不同层次和类型的人才奠定基础，为社会的进步和发展奠定基础。从培养目标上看，基础教育通过对学生德智体美劳等的培养，为人的全面发展奠定基础。从内容上看，基础教育通过对学生基本知识技能和情感态度的培养，促使学生成长为具有正确价值观的公民，培养其社会责任感和民族自尊心，增强个体为人民服务的意识，提升个人道德品质。基础教育的普及性在于其基本目标是提高整个中华民族的素质，这包含两点意义。第一，它的对象和着眼点是全体受教育者，是每一位国民都必须具备的基本素养，而不是只服务于一部分人，更不是少数人。第二，基础教育的功能是为提高全民族的素质奠定基础，它强调的是基本素质的培养，而不是专业或某些专门人才的培养。基础教育的全面性是世界教育改革与发展的必然要求。当今，促进个人的全面发展得到了越来越充分的重视，成为现代教育的理想，也是各国教育共同追求的目标。为了达成这一目标，教育必须要全面，基础教育尤其如此。全面性至少应包含两方面内容。第一是指结构的全面性，即要对学生进行德育、智育、体育、美育和劳动教育几个方面的基本教育，为促进学生的全面发展奠定基础。要注意，全面发展并非是指平均发展，而是强调学生个体作为完整的人的发展，它强调的是丰富性。第二是指内容的全面性，即不论德育、智育还是体育、美育、劳动教育，其基本要素都包含知识、技能、能力、情感态度、价值观等。促进学生的全面发展，是基础教育的核心任务，是建设高质量教育体系的重要途径、有力保障。

综合上述，基础教育的基础性、普及性和全面性决定了它具有独立的、不依附于其他类型和层次教育的价值，即基础教育的独立价值。基础教育是以育人为目的的全人教育。简单而言，它追求的是育人而非选拔。因此，在不否认基础教育具有为高一层次教育提供人才的功能的同时，一定要明确对其价值的判断标准不能仅仅限于能否为高一级教育或学校提供更多、更好的生源，这也是在基础教育阶段实施素质教育的认识基础。

二、如何实现基础教育的价值和意义

基础教育是学生人生奠基和人格初步形成的重要时期，作为从事基础教育的教师责任重大。

1. 重视对教育政策的深入理解

教育政策是党和国家为实现一定历史时期的教育发展目标和任务，依据党和国家在一定历史时期的基本任务、基本方针而制定的，对教育事业的成长和发展所做出的带有全局性和指导性的行动计划。一项教育政策的制定和实施，对一个国家或一个地区的教育发展具有重大而深远的影响和意义，既从宏观上影响教育事业发展的方向、速度、规模和效益，又从微观上影响具体教育活动的质量和效益，关系到社会和个人受教育的机会和质量。由此可见，对教育政策准确、全面、深入的认识是做好教育教学工作的关键前提。

比如，2019 年 6 月中共中央、国务院出台的《关于深化教育教学改革全面提高义务教育质量的意见》中提出："坚持教学相长，注重启发式、互动式、探究式教学，教师课前要指导学生做好预习，课上要讲清重点难点、知识体系，引导学生主动思考、积极提问、自主探究。融合运用传统与现代技术手段，重视情境教学；探索基于学科的课程综合化教学，开展研究型、项目化、合作式学习。精准分析学情，重视差异化教学和个别化指导。"同期，国务院办公厅发布的《关于新时代推进普通高中育人方式改革的指导意见》中指出："积极探索基于情境、问题导向的互动式、启发式、探究式、体验式等课堂教学，注重加强课题研究、项目设计、研究性学习等跨学科综合性教学，认真开展验证性实验和探究性实验教学。提高作业设计质量，精心设计基础性作业，适当增加探究性、实践性、综合性作业。"这些政策文件的出台与颁布为基础教育教学指明了发展方向，同时也提出了明确的要求。只有不断研读，才能充分理解和准确把握政策的精神实质，也才能对实践产生积极的引领。所谓"低头拉车，抬头看路"就是这个道理。

2. 重视对学生学习的系统研究

目前教学中依然存在教师为学生的自主学习做太多事情，而学生没有大量机会参与和练习的现实；依然存在对低阶的学习目标比较重视，而相对忽视高阶学习目标的现实。尽管低阶的学习目标对于高阶学习目标具有某种奠基性的作用，但由于在日常教学中把大量时间消耗在低阶能力的自动化上，实际上并未走向高阶学习目标，因此难以真正促进学生高阶学习技能的发展。研究表明，个体学习表现是一个递进的过程，是一个从简单到复杂的过程。在教学中要切实地培养每个学生的自主学习能力，培养每个学生自觉地利用现代技术所提供的学习机会去学习的意愿。

基于上述，教师要加强对学习，尤其是学习过程的研究。学习是由经验引起的学习者的行为、认知或心理倾向的持久变化。持久变化一定是依靠过程才能实现，涉及学习是如何发生的、又是如何进行的等。重视这些问题并有意识地将它们纳入日常实践与思考中，从而促进学习方式的多样性。要深入研究并实施合作探究式的教学与学习方式；注重加强对跨学科综合性教学的理解与实践；注重教学策略的多样化，促进学生参与、合作与对话；关注学生个性化学习需求，并给予适时指导与帮助。

3. 重视对专业学习的全面拓展

教师的专业学习一定包括对本专业、本学科的持续精深，但不应仅仅限于此，还要追求对教育理论、教育技术的不断探索与实践，对学生发展的深入理解与有效指导等。比如加强对脑科学的认知，脑科学是研究人和动物的神经系统的结构、功能及其相互关系的科学，它的意义在于帮助教师更好地认识脑和创造脑。将脑科学的研究成果（脑功能发展存在关键期、受环境影响及终身可塑性等）应用于教育教学，可帮助教师更全面地认识学生发展的特点，了解学生发展的需要，从而更好地开发他们的大脑潜能。再如不断提升自身的技术素养和设计能力，尝试使用技术变革教学实践，将技术与专业发展有机结合，熟练地使用技术创造性地设计教学、解决问题。同时自如地指导学生使用技术进行发现学习、合作学习和创造学习等。

总之，从本质要求、教育宗旨来说，基础教育不同于高等教育、职业教育等层次、类型的教育。基础教育时期的主要任务，是激发学习者的好奇心、求知欲，调动学习者学习的主动性、积极性，充分发挥学习者的想象力，锻炼学习者的动手实践能力，培养学习者的创新精神，引导学习者树立正确的人生态度，培养学习者自觉的社会责任感，养成高尚的道德品质。

从事基础教育的教师对学生的身心成长、思维品质、人格形成等具有不可替代的作用，要不断提升教育教学能力，为学习者的全面发展、个性化发展、终身学习打好基础。

专业理念与师德篇

问题 27　如何理解师德师风的表现形式及其价值？

百年大计，教育为本；教育大计，教师为本。立德树人，关键在"德"。师德师风是教师的灵魂，是校园文化的源泉，是学校发展的筋骨。

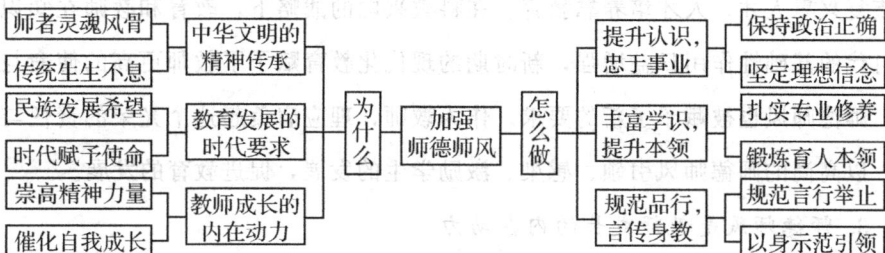

师者灵魂风骨	中华文明的精神传承				提升认识，忠于事业	保持政治正确
传统生生不息						坚定理想信念
民族发展希望	教育发展的时代要求	为什么	加强师德师风	怎么做	丰富学识，提升本领	扎实专业修养
时代赋予使命						锻炼育人本领
崇高精神力量	教师成长的内在动力				规范品行，言传身教	规范言行举止
催化自我成长						以身示范引领

一、为什么要加强师德师风

1. 师德师风是中华文明的精神传承

"一日为师，终身为父"，中华民族历来尊师重教。几千年中华文明的变迁过程中，涌现出一批伟大如孔子的教育先贤，他们传承了中华文化的血脉，也在长期的实践中塑造了教育者的灵魂与风骨。"学而不厌、海人不倦"是甘于奉献、严谨治学的师者精神；"其身正，不令而行"是以身作则、言传身教的师者风范。中华民族特色鲜明的师德传统生生不息、源远流长。

弘扬和践行高尚的师德师风，在新时代依然适用。教师作为教育的实践者，应该传承传统，乐岗敬业，为人师表，培养自己高尚的师德师风，树立起光辉的人格典范。师德师风影响教育者的形象，影响学生的发展，继而影响教育自身的发展。

2. 师德师风是教育发展的时代要求

教师是科学知识和先进思想的传递者，是社会主义核心价值观的践行者，更是学生健康成长的领路者。习近平总书记说过："一个人遇到好老师是人生的幸运，一个学校拥有好老师是学校的光荣，一个民族源源不断涌现出一批又一批好老师则是民族的希望。"这是对教师的礼赞与希冀。

党的二十大报告指出："教育、科技、人才是全面建设社会主义现代化国家的基础性、战略性支撑。要坚持教育优先发展、科技自立自强、人才引领驱动，加快建设教育强国、科技强国、人才强国，坚持为党育人、为国育才，全面提高人才自主培养质量，着力造就拔尖创新人才，聚天下英才而用之。"国家富强与民族复兴靠人才，人才培养靠教育。在科教兴国的战略下，教育和教师在知识经济时代的基础性作用日益增强，新时期的现代化教育赋予了教师更高的使命与职责，师德师风也被赋予了新的要求。作为教师，理应肩负起这个光荣的责任与使命，以高尚的师德师风引领、感染、激励学生的发展，促进教育的发展。

3. 师德师风是教师成长的内在动力

约翰·杜威提出的"教育无目的论"强调，教育活动最根本的目的是促进教育自身的发展。师德师风的内涵是教师对学生成长具有高度的责任感和强烈的事业心。师德师风是一种崇高的精神，能促使教师树立正确的人生观和价值观，增强自豪感和荣誉感；师德师风是一种专业发展的催化剂，能促使教师树立学习意识，增强自我修养，不断提升专业发展水平，提升职业获得感和对学校的认同感；师德师风还是一种责任，是行为习惯，且在教师的学习、实践和反思中不断加强。

良好的师德师风是教育持续发展的基石。教师将师德师风要求内化成长久的自觉行为，是这个特殊职业的内在要求，不仅要植根于眼前，更要放眼于未来。

二、如何加强师德师风

1. 提升认识，忠于事业

坚定的政治方向和过硬的政治素质是教师立德树人的基础。作为人类灵魂的工程师，教师应自觉贯彻党的教育方针，用先进思想和优秀文化教育学生，为党育人、为国育才。处于思想认识发展关键期的学生可塑性强，总把教师看作学习、模仿的对象，教师的思想、价值观、人生观，教师的一言一行都对学生有潜移默化的影响。作为学生的领路人，教师始终要保持政治上的敏锐性和坚定性，净化灵魂，提升素质，传递制度自信和文化自信。

坚定的理想信念和执着的敬业精神是教师立德树人的保障。习近平总书记强调，做好老师，要有理想信念；做好老师，要有道德情操；做好老师，要有扎实学识；做好老师，要有仁爱之心。教师这个职业是平凡的，但平凡中却透着伟大。既然选择了这个职业，就要做好坚守，不忘初心，用高度的责任感和事业心，扎扎实实把平凡的事情做到极致，那就是不平凡。教师职业的影响是广泛而深远的，不仅影响学生，还会通过学生和家长影响整个社会，不仅影响学生的现在，还会通过现在影响学生的未来，继而影响整个社会的进步和未来。重任在肩，教师必须坚定信念、涵养情操、辛勤耕耘，把重担挑稳、挑好。

2. 丰富学识，提升本领

扎实的专业修养是教师教书育人、立德树人的前提。新时代的教师需要具有先进科学的育人观念、完整扎实的知识结构、灵活高超的教学能力、坚持不懈的专业追求、大爱无私的奉献精神，以自己的高水平素养引领学生的发展。学科教师需要努力提升专业水平，始终站在学科发展前沿，丰富完善专业知识；学习教育教学理论，积极投身教学改革，探索育人方法，增强教学本领、增长教育智慧；研究课程标准，钻研教材教法，加强反思总结，提升教育质量；遵循学生成长规律，提高教学效率。

为国育才，是要培育德智体美劳全面发展的人才。信息化时代下教师除了要做到本学科知识精深，还要拓宽视野，做到知识涵养广博，以精深的专业素养和丰富的文化涵养感染学生、引领学生"亲其师、信其道、乐其道"，培养"知识强、人格强"的合格的社会主义接班人。

要提升过硬本领，促进专业发展，教师还应该加强团结协作，勇于承担重任，如班主任工作、管理团队工作、试题命制、课例研究、讲座交流等，在更广泛的平台发展能力，贡献智慧，成就价值，拓宽职业成长之路。

3. 规范品行，言传身教

习近平总书记指出："人民教师无上光荣，每个教师都要珍惜这份光荣，爱惜这份职业，严格要求自己，不断完善自己。""学为人师，行为世范"，教师要在品行上规范自己，做为人师表的典范，这是教师职业的义务所在。要做到遵守法律法规、社会公德及职业规范；做到语言举止文明，思想作风正派，仪容仪表端庄；做到拥护热爱集体，团结关心同事，尊重关爱学生。

教育是"以人为本，以心育心，以魂塑魂"的过程，教师的一言一行应该对学生起到榜样和表率的作用，要重视"言传身教"的巨大影响，并且认识到"身教"更重于"言传"。教师要努力提升个人修养，以"德""爱"感人，尊重关爱学生，平等真诚对待学生，学会换位思考，多为学生着想，牢记教师身份，规范言谈举止。

三、师德师风事例

班主任的工作是以心育心、以魂塑魂，通过"言传身教"影响人。作为班主任要努力修"言传身教"之道，弯得下腰、蹲得下身，平等地对待每一个孩子。以下是一个从事多年班主任工作的教师自述，以此说明师德师风如何在教学中践行。

从教至今，我做了 19 年班主任。19 年里，我体会了班主任工作的艰辛，也收获了工作的快乐。我用教师真诚的爱赢得了学生纯真的爱，我在工作中与学生们一起成长，也分享了他们成长的喜悦。

1. 言传身教

我不仅要把文化知识传授给学生，更重要的是要教给他们做人的道理。每天和学生相处，我的一言一行都影响着学生。凡是要求学生做的，我必带头做。例如：有时候遇上地上有纸屑，我会弯腰捡起；遇上桌子不干净时，我会拿起抹布；发现花需要浇了，我也会亲自拿起水壶；黑板上的字我会用心写工整，他们也会一笔一画写好……

除了一些生活细节、习惯的养成，我还特别注重培养学生做人、做学问的品格，身体力行做示范和传递我的育人理念。"我深深地迷恋每一个人全情投入于自己手艺时的样子。不为任何人，自己就是最大的理由，不苟且、不应付、不模糊，把自己正在做的事情当作与世界呼吸吐纳的接口。这，就是尊严的来处。"这段话我很欣赏，我也分享给学生们，我时时处处都向学生传递"认真做事的样子特别打动人"的观点，引导他们认真做事，关注过程。无论是总结计划、课题汇报还是寒暑假的实践活动，只要是布置下去的班级工作，我都会及时汇总，定期讲评，这是要学生知道，凡事应说到做到，有始有终。

我习惯站在学生的视角看待事物，尊重他们的想法，因为每一个生命、每一种不同都值得尊重。世界因为不同而多彩，每一个生命里的不同也许才是它存在的最大价值。我总是平等地对待每一个学生，保证规则面前人人平等，班级里的每一次推优工作我都会做到公开公正，尊重规则、光明磊落是我希望学生拥有的品质。

为了让学生学会合理利用时间，我提出"专时专用是最好的效率，化零为整是最好的惜时"的口号，每天清晨，我会提前坐在讲台旁，等着学生陆陆续续进教室，看着他们安安静静、有条不紊地做各种准备，把早读前的时间用起来。

毕业班的一年无疑是教师和学生都最辛苦的一年。这一年里，班级需要发挥至关重要的场域功能，师生需要相互激励、相互感染、共同奋进，每天晚上我都会安静地陪学生到自习结束，还号召学生彼此写给对方一句话，再把这些话汇总、打印、塑封了留作纪念，让学生感受到结伴同行的力量。毕业前夕，我将每年秋天在校园里陆续捡来的银杏叶塑封做成书签，并在最后一次班会课送给每一位学生，要求他们要做到"终身学习"，并希望他们珍藏"从时空中偷来的母校的一草一木"，懂得感恩母校。

2. 传递与分享

教师的价值，是启迪智慧、唤醒人生，教师要做正确思想、科学知识、科学方法和人类文明的传递者与分享者。所以我努力练"传递分享"之能，引领每一个孩子成为会思考、会联系、会合作的人，成为有目标、有方法、有情怀的人。

为了更好地分享与传递，更好地进行言传身教，我从没停止过学习的脚步。我的学习主要在三个方面。专业精进方面：学生们对我的信任，首先来自学生对我专业的信服，教学是言传身教的第一阵地。所以，我总是利用一切可能的机会和平台，提高自己的专业水平。了解社会、人生方面：我的分享与传递不能只限于学科知识，因为学校还是学生认识世界，理解人生的重要窗口。教师的思想与认识来自对社会、对人生的阅读和理解，所以课余时间，我会阅读大量专业以外的书，也观看很多电影，只要是能认识不同的社会、地域、人生，我都有兴趣，因为它们能让我成长。了解人的成长方面：有效的传递需要符合对方的认知需求和规律，所以我也特别关注有关青少年成长的书和影视资料，我认为只有多弯下腰，多从孩子的视野去看、去思考，才会让教育更有效。

除了班会课，晨检时间也是我的早课时间、我的教育阵地。长则二三十分钟，短则三五分钟，我跟学生们分享我读的书、看的电影、听到的新闻和趣事，以及我的每日所闻、所思、所想，有时候也会分享公众号中的内容，如"人民日报——新闻早班车""人民日报评论——睡前聊一会儿""这就是中国——听张维为说"等。很多学生跟我说，他们喜欢早上的早课，感觉认识一大早就被照亮了；他们学习了一天，每日放学时，感觉黑暗了，等着第二天再被照亮。我不赞成说教，更愿意选择在一个个生活的话题中传达一些想法，这样既达到了教育的目的，又能以身示范地告诉学生，做个热爱生活、热爱思考的人，做个有血有肉、有丰富情感的人。

我要培养什么样的学生？我关注的第一个问题是方向。我希望学生们目标高远，全面发展，做与众不同的人。中学时段学制很长，很难保持始终如一的节奏，这也不利于身心健康成长，所以调控学生们的学习节奏，是我关注的第二个问题。很好地融入社会，首先是与人的和谐相处。因此，我关注的第三个问题，是学生人际沟通和协作能力。

我觉得做班主任挺幸福的，我的学生们信任、听话，我与家长们的沟通也很轻松、和谐。这一切是因为我与学生和家长们的相处之道在于真诚、尊重、轻松。对学生弯得下腰，对家长能换位思考，这也许是最好的尊重，而尊重又是相互的。

多年来，我按自己的理解带班，取得了一定的成绩，我的学生不太拘小节，却目标高远、懂事、善良，团结、协作，爱思考、爱质疑，班级集体荣誉感强。虽然还有些方面没达到预期，但我会继续努力。

问题 28　如何阅读经典教育故事？

将自己对世界的认识和理解用故事的方式传递给他人，相同或不同时空的人在这些故事中进行思想的碰撞与交流，完成文化的积累，并最终促进人类文明的延续与进化。这就是故事对于人类的巨大意义。

青年教师的专业成长也需要经典教育故事的引领。经典教育故事蕴含了千百年来人类最宝贵的集体智慧，包含先进的教育思想与育人方法，具有暗示性和感染性，能使人领悟，激发教师的热情；具有很强的可操作性和借鉴性，使青年教师有法可依，有章可循，有利于青年教师全面理解教育问题。经典教育故事是所有青年教师必须经常阅读的教育宝库，它对提升青年教师的教育素养有着不可替代的积极影响。

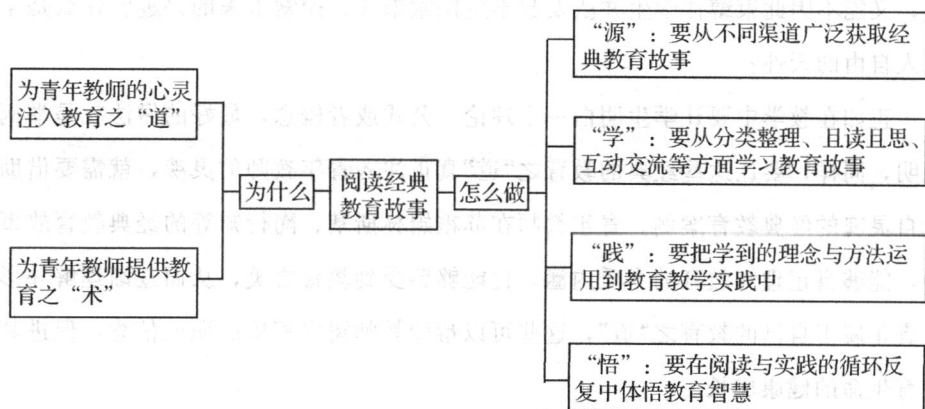

```
为青年教师的心灵
注入教育之"道" ──┐
                 ├── 为什么 ── 阅读经典 ── 怎么做 ──┬── "源"：要从不同渠道广泛获取经典教育故事
为青年教师提供教 ─┘            教育故事          │
育之"术"                                        ├── "学"：要从分类整理、且读且思、互动交流等方面学习教育故事
                                                │
                                                ├── "践"：要把学到的理念与方法运用到教育教学实践中
                                                │
                                                └── "悟"：要在阅读与实践的循环反复中体悟教育智慧
```

一、为什么要阅读经典教育故事

1. 为青年教师的心灵注入教育之"道"

韩愈认为："师者，所以传道授业解惑也。"德国著名教育学家福禄贝尔认为："教育之道无他，唯爱与榜样而已。"杜威认为，"学校即社会""教育即生活"。陶行知认为："真教育是心心相印的活动。唯独从心里发出来的，才能达到心灵的深处。"苏霍姆林斯基认为，教育应该使智育、体育、德育、劳动教育和审美教育深入地相互渗透和相互交织在一起，使这几个方面的教育呈现一个统一的完整的过程。最终培养全面和谐发展的人，社会进步的参与者。……而和谐全面发展的核心是高尚的道德。怀特海认为："教育是引导个体领悟生活的艺术。"雅斯贝尔斯认为："教育是在人与人的交往中，通过知识内容的传授、生命内涵的分享以及行为举止的规范，将传统交给年轻人，使他们在其中成长，舒展自由的天性。"

古今中外的专家学者对于教育之道的解读浩如烟海，青年教师需要对这些理论进行学习和研究。然而，理论是精练的，是概括的，有时候也是枯燥的，并且和青年教师的现实教育实践存在一定的距离。比如，通读《师说》，青年教师或许会有疑惑：传什么道？怎么传道？授什么业？怎么授业？解什么惑？怎么解惑？再比如，通读雅斯贝尔斯的《什么是教育》，青年教师也会有疑惑：怎么将专业知识的传授和人的本质的理解结合在一起？怎么将传统经验与过往的知识传递给学生，又能不因此束缚住学生并激发起学生探索未知、探索未来的兴趣？什么是年轻人自由的天性？

正如在教学中要让学生明白一个理论、公式或者概念，最好的做法就是举例说明，同样，要让这些经典的教育之"道"真正注入青年教师的灵魂，就需要借助发自灵魂的经典教育案例。青年教师在苏霍姆林斯基、陶行知等的经典教育故事中，能够真正理解教育的本质内涵，也能够感受到教育之美，从而逐渐理解并形成真正属于自己的教育之"道"，这些可以帮助教师树立相应的职业信念，促进其教育生命的健康成长。

2. 为青年教师提供教育之"术"

教是引导，育是培育。教育就是引导方向，激发兴趣和潜能，培养形成能力，以德贯穿始终，最终让学生成为一个独立和谐全面完整的人。青年教师要想真正实现教育之道，还必须要掌握相应的教育之"术"，即教育的恰当方法。教育面对的是人，这就意味着师生关系绝不仅仅是知识的传递与分享，更是一种心灵的交流。这种交流在不同的时间、地点，在不同事件发生时，所使用的方法是不同的。比如，青年教师如何在不同的事件中对学生进行批评教育？如何表扬？如何赞赏？如何在日常学习生活中与学生谈话、交流？如何管理建设良好的班集体？如何与家长沟通交流，建立统一的教育阵线？如何与学生建立良好的关系？如何与同事建立统一的教育战线，以促成对学生更加有效的教育？

处理上述所有的关系不仅需要教师本身拥有一颗仁爱的教育之心，还需要有饱含人性智慧的方式方法。阅读经典教育故事就是青年教师获取这些教育方法的有效途径之一。因为经典教育故事中包含着一个个真实而又具体的情境，这些情境用饱含智慧的教育行为和方法最终捕获学生的心并获得教育的成功。这些形象生动的教育之"术"都是青年教师可借鉴的重要范本。青年教师通过对这些教育故事的广泛阅读，提取其中的教育之"术"并不断积累，然后在自己的教育实践中加以应用，如此循环反复，就能不断提高教育学生甚至教育家长的能力，从而获得教育的成功。

可见，经典教育故事可以让青年教师塑魂造术，形成自己的教育理念，教育方法，讲好属于自己的教育故事。

二、如何阅读经典教育故事

1."源"——要从不同渠道广泛获取经典教育故事

"操千曲而后晓声，观千剑而后识器。"要想教育故事对青年教师起到良好的指导效果，必须在数量和质量上都有所保证。这就要求青年教师能够从不同渠道广泛获取经典教育故事。第一，可以从身边的教师那里获得。青年教师可以在平时的工作生活中注意观察，遇到问题主动求教，听到好的教育故事及时进行书面整理保存。第二，可以从教育大家的教育书籍中获取，如教育家苏霍姆林斯基、杜威、陶行知、叶圣陶、蒙台梭利等，以及当代中外的名师如魏书生、李镇西、克拉克等，书中含有很多他们真实的教育故事。第三，从一些名人传记中获取。大部分名人都曾获得过良好的教育，这种良好的教育或来自名师，或来自智慧的父母。书中会记载他们成长中的一些伟大的教育瞬间，这些都是非常好的教育故事。第四，可以从电视新闻、网络论坛、无线电台、相关教育期刊杂志、朋友相互介绍等途径获取。青年教师通过多种途径主动获取或者被动接受好的教育故事，要进行书面的分类整理，这样积累的教育故事会越来越多，学习的素材也就越来越多，最终会达到"晓声"和"识器"的境界。

2."学"——要从分类整理、且读且思、互动交流等方面学习教育故事

"博观而约取，厚积而薄发。"阅读教育故事首先要学会分类整理。可以根据教育场景进行分类，如课堂教学类、班级会议类、课间活动类、校外活动类等；也可以根据教育行为进行分类，如批评类、表扬类、谈心类、交流类等；还可以根据教育对象进行分类，如后进生类、优秀生类、个性生类、特长生类、身体残疾生类等。不同分类标准又可以合并，形成一个相对复杂的上位的分类标准，如课堂教学批评后进生类等。分类的目的是聚焦，对于同样是在课堂教学时出现的问题，出现问题的情景不同，对象不同，则处理的方式也不同。相同类型的故事积累得越多，相同情境下不同问题的处理方法也就了解越多，自然也就能"博观约取"和"厚积薄发"。

"学而不思则罔，思而不学则殆。"在阅读教育故事时必须且读且思。要与当前教育教学改革的实践活动、与个人日常的教育教学实际工作结合起来去阅读，读出自己的思考与见解。在阅读教育故事时，青年教师首先可以问自己：如果我遇到相似场景会怎么处理？与故事中的教育者差别是什么？为什么会有这种差别？他这么做的特殊之处有哪些？这个故事与同类型的其他故事的不同点在哪里？在我平时的教育教学中有哪些情景与此故事讲述的相似？我可以将故事中的教育行为应用到哪些情景中？等等。只有带着问题去阅读、去思考，才能提高自己的认识，培养自己独特的教育思维，创新自己的教育方法，形成自己的教育智慧。

萧伯纳曾说，我有一种思想，你有一种思想，交流之后我们就有两种思想。由于教育故事蕴含的教育智慧博大精深，不同的人阅读一定会有不同的体会。通过与同事、家人等的交流，可以激发对相关教育问题的思考，进一步加深对教育故事所蕴含的智慧的理解，进而实现相互启发，共同发展。

教育故事中有无穷的教育智慧、无尽的思想精华、取之不尽的治学奥妙、用

之不竭的为师之道，有可供借鉴的教育之术，还有信手拈来的忠告启迪。阅读教育故事是需要长期坚持的事情，只有坚持不懈，才能最终形成自己的认识，并应用到自己的教育教学实践中去，实现真正智慧的教育。

3. "践"——要把学到的理念与方法运用到教育教学实践中

"大道至简，知易行难，知行合一，得到成功。"在阅读教育故事之后，必须将其应用到自己的教育教学实践中，要且读且思且行，真正做到读有所获，思有所为，学有所得。因为不存在完全一样的教育场景与教育对象，所以在运用教育故事中的理念与方法时，一定要注意如下四点。

第一，要快速准确解读并抓住教育事件，形成教育契机。日常发生在学生身上的异常事件都是非常好的教育契机。经典教育故事中的事件都是如此。由于教育故事中的场景与现实中场景是不同的，不能盲目借鉴其中的方法。这就要求青年教师不要根据事件的结果立刻下论断，直接处理，而是要花时间去了解事件发生的前因后果，获取第一手资料，再思考应对策略。

第二，要充分了解教育对象的性格特点等。同一种教育方法对不同性格脾气的学生所起的效果不尽相同，甚至大为不同。青年教师在教育教学中首先要做的功课是尽可能了解所教的学生。这就需要与家长、与过往的老师交流，获得最真实的信息。这样才能因材施教，有的放矢。

第三，要充分调动各方面的资源。在有些事件中，教育学生不能直接由教师进行，依靠学生的家长、心理老师、学生的朋友等进行可能会更有效；在有些事件中，需要营造特殊的场合、氛围才能达到更好的教育效果等。这些都需要争取相关方面力量与资源的支持，青年教师要学会积极调动。

第四，要反复斟酌教育的言行。对学生教育的过程是通过教育者一言一行进行的，恰当的言行才能起到良好的教育效果，所以在有时间的情况下，教师要反复思考琢磨最佳的言行。

经典教育故事中的理念与方法并不能直接拿来生搬硬套，要根据现实场景的不同进行适当的修正，修正的过程就是青年教师形成自己教育理念的过程，也是讲述自己的教育故事的开始。

4."悟"——要在阅读与实践的循环往复中体悟教育智慧

"博学之，审问之，慎思之，明辨之，笃行之。"阅读教育故事是起点，践行教育故事的理念与方法是过程，最终要让青年教师行稳致远，还需要在此二者的基础上进一步感悟提升。只有通过理论与实践的结合，间接经验与直接经验的对比，继承与创新的融合，青年教师才能真正吸收经典教育故事中的教育理念与方法的精华，最终形成自己教育的"道"与"术"。青年教师在每次阅读和实践的过程中都需要进行感悟与提升，并落实于文字中：自己对教育契机的把握如何？对学生的了解是否全面？教育语言是否恰当？教育行为是否合理有效？是否充分利用了现有的资源？是否有持续关注学生的变化？青年教师要在这些感悟中提炼出教育的精髓，生成自己的教育智慧。

三、案例分享——"陶行知的四颗糖"的故事启示

1. 故事内容

有一个男生用泥块砸其他男生，被陶行知校长发现并制止了。陶校长要求这位砸人的男生放学时到校长室去。放学后，陶行知来到校长室，男生早已在等着挨训了。陶行知却笑着掏出一颗糖果送给他，说："这是奖给你的，因为你按时来到这里，而我却迟到了。"

男生惊疑地接过糖果。随后陶行知又掏出第二颗糖果放到他的手里，说："这是奖励你的，因为我不让你打人时，你立即住手了，这说明你很尊重我，我应该奖你。"

男生更惊疑了。这时陶行知又掏出第三颗糖果塞到男生手里，说："我调查过了，你用泥块砸那些男生，是因为他们欺负女生；你砸他们说明你很正直善良，且有跟坏人做斗争的勇气，应该奖励你啊！"

男生感动极了，他流着眼泪后悔地喊道："陶校长，我错了，我砸的不是坏人，而是同学……"陶行知满意地笑了，他随即掏出第四颗糖果递过去，说："为你正确地认识自己的错误，我再奖给你一块糖果，我没有多的糖果了，我们的谈话也可以结束了。"

2. 故事启示

通过阅读这个故事，可以思考：如果是我遇到这样的情景，会怎么做呢？联系过往对类似事件的做法，教师很可能会站在道德的制高点，对学生进行说教为主，希望学生能够认识错误，纠正自己的不当行为，而教育效果往往不是很好。在此基础上，可以通过网络查阅故事的具体内容，认真阅读，思考分析得到以下内容。

第一，陶行知先生把这件事作为一个非常好的教育契机来对待。

第二，陶行知先生对事件做了充分调查与研究。他并没有立刻严厉批评学生的这种行为，而是给学生和自己一段时间——放学后。这段时间很重要。一方面，"放学后要找陶校长"这件事就像达摩克利斯之剑一样悬在学生头上，能够让学生静下心来反思自己的行为、行为的动机以及行为的后果，这是学生自我成长的第一步；另一方面，这段时间也让陶校长有充足的时间进行调查与研究，调查这个学生的性格特点和这件事的起因、经过、结果，最终研究出恰当的"批评教育的方式"。

第三，明确恰当的批评教育原则。批评的目的在于鼓励学生改变不良的言行举止，让学生向上成长。陶行知先生使用的原则就是在"不合理的言行中找到合理的方面加以肯定"。这种原则本质是对学生的信任、理解与尊重。学生"不合理的言行"背后的这种合理性就是学生做的理由，当找到这种理由，并发现这种理由的合理性与积极性时，就打开了学生的心结。只有走入了学生的内心，真正的教育才会发生。

第四，认真斟酌教育实施的言行举止。为什么用糖？可能糖本身的隐喻很好，即甜和美好，又因为面对的是小学生，所以使用这种方式符合学生年龄阶段的特点，能够起到最大的效果。为什么是四颗糖？陶行知校长的口袋里可能不止四颗糖，但他在这件事上最终发现了学生身上的四个值得肯定的品质，他给予了孩子四种情感：理解、信任、尊重、激励。最终触动了学生的灵魂，使学生体会到了爱意与真诚，领悟到了真理与真知，使学生的精神真正成长了起来。

这种独特的"批评"方式非常震撼，由此可搜寻陶行知先生的教育著作、人物传记，并从中发现了更多的教育故事，陶行知先生的教育智慧都蕴含在这些教育故事中。借助网络，可以发现大量类似的故事，如"苏霍姆林斯基和三朵玫瑰花的故事""皮尔·保罗校长的预言的故事"等，再通过这些故事去阅读这些著名教育家的教育书籍。随着不断阅读、不断拓展，最终会发现一个关于教育的智慧宝库。

在此基础上，可对这些经典的故事进行分类整理，随时阅读与思考，并把它们运用到自己的教育教学实践中去，最后再进行感悟提升，如此，青年教师可在不断积累中飞速成长。

经典的教育故事是一片教育智慧的汪洋大海，青年教师一定要主动跳进这片海洋中畅游。对经典教育故事的阅读、学习与实践，能够提升青年教师的教育思想水平，提升职业信念，还能够增加教育教学的方式方法，提升教育的创新能力与科研能力，使青年教师真正成为一个有理想、有信念、有思想、有方法的充满活力与自信的教育工作者。

问题 29　如何实现教师专业发展？

要从教育大国迈向教育强国，就必须坚持走以提高质量为核心的内涵式发展道路。实现高质量的教育离不开高质量的教师，而要成为高质量的教师，持续的专业发展就显得尤为重要。

一、为什么要实现教师专业发展

教师专业发展是教师在整个职业生涯中不断学习专业知识技能和教育理念、接受专业训练、逐步提高综合素质和专业能力的成长过程。

1. 职业特殊性的要求

以人为对象的教师的职业特殊性决定了教师的专业发展是一个没有终点的不断提升的过程，从接受入职培训的新手到独当一面的熟手，即使成为经验丰富的优秀教师，在面对每一届不同的教学对象时，也需要自主更新教学手段和策略，才能确保教育理念、知识储备和实践能力符合社会发展进步的需求。

2. 信息化环境的要求

信息高速发展的时代，知识更迭日新月异，通过网络获取教学资源变得越来越容易，学生学习的手段也多种多样。教师原有的专业知识、教育经验、教学手段不足以胜任当前的工作，树立终身学习的理念既是信息化环境的外在要求，也是教师内在发展的需要。教师只有保持学习新知识、新理论和新方法的能力，才能适应信息化背景下人才培养的需求。

3. 教育发展的需求

以 2014 年 3 月颁布的《教育部关于全面深化课程改革 落实立德树人根本任务的意见》为开端，基础教育进入了深化课程改革、培养学生核心素养的时代，对教师更新教育观念、提升教育能力提出了更高要求。在核心素养时代，为促成核心素养落地，教师的知识结构需要从教材化向情境化转变，从碎片化向系统化转变，从浅表化向深层化转变，从学科取向向跨学科转变；教师还要具备全面多元的评价观，能够依据课程标准和学业质量标准对学生进行科学、客观的评价。同时，全面育人成为教师的核心能力，在正确理解党的教育方针的基础上，将育人贯穿于教育教学各个环节。

由此可见，教师只有不断进行专业发展，才能满足新时代的要求。

二、如何实现教师专业发展

1. 了解相关理论是实现专业发展的基础

学习理论的目的是为实践找到方向和依据。换句话说只有了解了"是什么"才能知道"怎么做"。国内外对教师专业发展的研究一直在持续，比较成熟的理论主要有以下三种。一是基于建构主义的教师专业发展理论，由于教师的工作是在特定的教育情境中发生的，教师专业发展要立足于教育教学实践，通过教师的主动学习、与同伴的合作，发现问题、解决问题、积累经验、催生智慧，它非常关注教师的反思，鼓励教师成为"反思性实践者"，以提升自身的教育理论与实践水平。二是基于实用主义的教师专业发展理论，它强调教师的发展最终是为了学生学业成绩的提高，研究表明学生学业成绩的提高与教师实际工作能力的提高呈正相关，因此，它提出教师的专业发展要"嵌入实践"，通过集体的合作、个体的反思与反馈以及研究活动、数据事实等的支持来实现。三是基于情境主义的教师专业发展理论，它强调情境的重要性，认为教师专业发展随时都在进行，是一个持续的过程，优选出在不同情境中最现实有效的发展方式是关键，最适合自己情况的发展策略是核心。

综合上述，教师专业发展是一个持续的过程，不是立竿见影的，更不是只要有主观愿望就能实现的，它要基于教育教学实践，通过自身不断的反思和多样态的学习，逐步实现改进与提升。

2.卓越教师的基本特征为专业发展指明方向

基于不同学者的研究发现，卓越教师的共性特征有以下六个方面。一是具有强烈的成为一名卓越教师的职业理想。在这样理想的驱动下，教师能够萌发出对教育事业的热爱，同时产生不断挑战与超越自我的成就动机。二是对教育本质有深刻的理解，并形成教育理念。对教育理念的践行是基于对教育的认识，只有深刻领会教育的意义，才能将理念内化于心、外化于行。三是具有独特个性和魅力。教育教学过程实际上是教师与学生建立人际关系的过程，卓越的教师能够成功地将自己的个性融入到教师角色中，成为人格型教师。四是具有多元融合的知识体系。卓越教师的知识体系包括了专业知识、学科知识、实践性知识和通识知识。柳海民等曾用"精、美、用、博"来分别概括这四种知识，如果说前三种知识是基本条件，则底蕴深厚的通识知识是实现卓越的关键。五是具有自觉领导教育教学变革的意识与能力。通过创新创造，能够促进或引领教育教学的变革，从而合乎时代、社会和人的发展需要。六是具有高度的终身学习的自觉。终身学习不仅仅是为了专业发展，更多的是为了丰富个人的整体性的发展；而自觉体现的是卓越教师的主观能动性，它有利于将自我发展的渴望转化为实际行动，这也是成为卓越教师的基础。

3.青年教师专业发展的实现途径

(1)坚定职业理想、准确把握职业定位、不断提升职业情感

教师的工作对象是身心不断成长的学生，教师的职责是通过教育教学，落实立德树人根本任务，培养社会主义建设者和接班人。因此，教师不仅仅是一种职业，更是一种崇高的事业。作为其中的一员，要努力提高教师的职业认同感，有明确的角色意识和行为规范，自觉提高教师的职业标准；不断唤起对本职工作的责任感和兴趣，积极培养职业情感，有意识地强化自我心理调适，不为一时的困惑或得失影响职业信念；增强应对各种压力和处理各种矛盾的能力，使自己的心理状态和行为活动适应教育环境的变化，从而增强职业成功信心与职业价值感。

（2）制订合理的职业规划

一般而言，职业发展顺利与否，与是否有职业规划且规划是否科学合理、有针对性有直接的关系。教师自我发展目标的选择与确立是通过职业规划来实现的，个人的成长方向、成就动机决定了可能取得的最终成就，影响着职业理想的实现程度。职业规划要有总目标也要有阶段性目标，要与发展的阶段相适应，如职业初期、过渡期、中期、成熟期的规划要有所差异和进阶。同时，为了获得更多的助力，教师个人的职业规划最好是由学校与教师共同研讨后确立，一方面坚定教师自己的选择，增强发展动力，另一方面也确保正确的发展方向，提升可行性。另外，职业规划还应留有一定的空间与余地，以便于适时调整，从而保证个人发展与课程改革不断深入、学校不断发展的同步性。

（3）主动培养自觉意识

梁漱溟先生说过："心之所以为心在其自觉……一言以蔽之，人心基本特征即在其具有自觉，而不是其他。"现代汉语词典中指出自觉有两层含义，一是自己感觉到，二是自己有所认识而觉悟。由此可见，自觉意识是一种主体性意识，其水平决定了自主发展的意识与能力。教师的专业发展是一个不断追求新的高度、不断超越现有水平的过程，没有高水平的自觉意识，发展就很容易受阻或停滞。要培养自觉意识，不断地学习就成为关键。这里的学习不仅限于本学科的相关知识、理论，还要关注社会发展、教育变革等，要深化对教育本质的认识，提升整体教育能力。同时要尽可能扩展、深化通识知识，以丰富自身的知识体系。

（4）具有创新意识

创新有三层含义：一是更新；二是创造新的东西；三是改变。苏霍姆林斯基曾说过，如果你想成为学生爱戴的教师，那你就要努力做到使你的学生不断地在你身上有新发现，你要像怕火一样地惧怕精神的僵化。卓越教师的特征中有一条就是通过创新促进或引领教育教学的变革，从而具有自觉领导教育教学变革的意识与能力。教育的创新实质上是一个建立在理性思考上改变原有思维定式的过程。在这个过程中，如陶西平所讲，教师不断审视自己的教育习惯，寻找改革的切入点，又通过对自己教育习惯的理性思考，促进自身教育观念的转变，再在这一基础上建立新的习惯，从而实现教育的创新。要做到这一点，客观的自我剖析，教育观念的完善与更新，勇于尝试的勇气与决心，科学严谨的支撑就成为关键要素。

（5）具有合作意识

合作是两人或多人一起工作以达到共同目的，它强调的是同伴互助。实践证明，同伴互助有助于自身与同事或同伴保持互相信任和依赖的关系，从而更好地共同规划教学活动、互相提供反馈意见和分享经验。比如，专业对话就是同伴互助中一种常用且有效的方式，大家可以通过交流自身获得的最新信息或阅读分享，扩大彼此的信息量，提高认识；也可以通过分享成功的、典型的教育教学案例，借鉴他人经验、反思自己的实践；还可以就某些主题开展专题研讨，大家各抒己见、丰富彼此的思想、共同提高对问题的认识；等等。但同伴互助有一个重要前提，即是否愿与他人合作，它取决于是否有良好的自我认识及对他人的认识，是否能恰当地评价、接受自己和他人。只有正确地认识自己和他人，才能对自己的认识或行为作出相应的调整，最终不仅能独立地完成自身的任务，也能善于吸取别人的长处，与人合作，达到最好的效果。

实现专业发展不是一蹴而就的，需要在教育教学中不断学习与实践。既要注重个体有效的反思，又要重视集体的合作；既要注重实践本身，又要重视基于实践的研究；既要注重所在备课组、年级组相对聚焦的"小"集体，又要重视"大"团队，结合自身的发展规划，积极参与到课程开发、课题或项目研究中，向着成为卓越教师不断前行。

问题 30　如何成为具有积极心理品质的教师?

积极心理品质是个体在先天潜能和环境教育交互作用的基础上形成的相对稳定的正向心理特质,这些心理特质影响或决定着个体认知、情感和行为方式的积极取向,为个体拥有幸福人生奠定坚实基础。

结合积极心理学相关理论,基于教师的工作特点,教师的积极心理品质包含乐观、爱、坚毅、同理心、好奇、勇敢、感恩等。

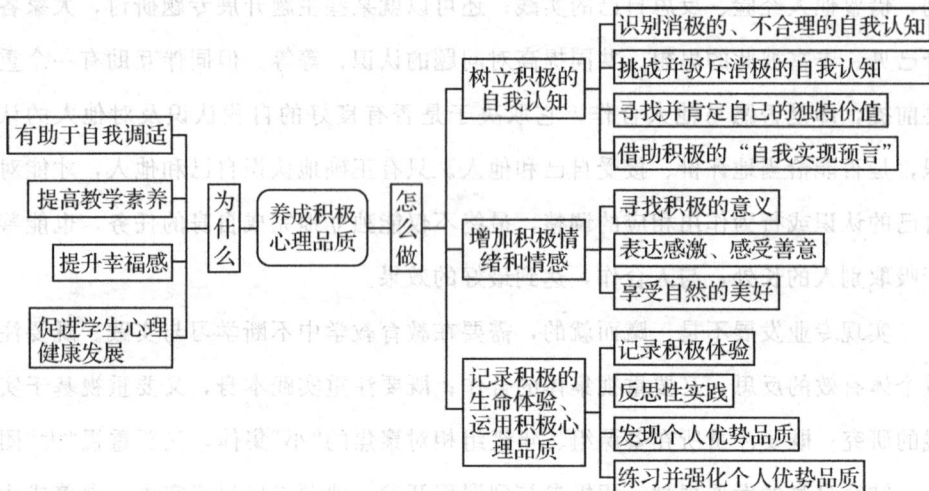

一、为什么要养成积极心理品质

青年教师作为教育改革和发展的中坚力量,其发展关乎教育事业的可持续发展。随着社会对教育期望值的提升、国家对教育的愈加重视、竞争的日益激烈,青年教师面临社会、学校及家庭多方挑战和压力,养成积极心理品质对青年教师十分重要。

1. 帮助青年教师进行自我调适

积极心理品质能够帮助青年教师在遇到难题和情绪低落时进行自我调适。自我调适能力在工作和生活中发挥着重要的作用，对教师来说尤为重要。青年教师对教书育人充满激情和美好憧憬，想要努力提升自身的教育教学水平，但真实的教育不只是诗和远方，还有很多的琐碎和压力，甚至教育本身就是一门包含遗憾的艺术，即便是经验丰富的教师也会在具体实践中遭遇挫折和失败。当遇到困难或产生挫败感、失落感时，具有积极心理品质的青年教师会采取调整心态、管理情绪等方式进行自我调适，积极乐观地战胜困难和挫折。

2. 促使青年教师不断提高教学素养

青年教师工作时间相对较短，教学经验和管理经验不如年长教师丰富，因此，在遇到问题时容易影响工作，产生压力和消极情绪。有些青年教师会利用自己的积极心理品质不断优化教学，向年长教师请教，丰富自己的教学管理经验。他们普遍重视学生的全面发展，对自身的要求较高，在专业发展上不断要求进步，以研究的形式和态度对待教学实践，从而有效提高专业素养。同时，他们重视因材施教，尊重每个学生的独特性，研究学生心理特点，科学管理班级。

3. 提升教师的幸福感

研究表明，教师积极心理品质对幸福感具有预测作用，与教师的幸福感存在显著的正相关，发展教师的积极心理品质有利于提升教师的幸福感，促进教师安心从教、热心从教、舒心从教。

一个人幸福与否、幸福的程度如何，在很大程度上取决于他在主观上是否想具有这种能力。虽然教师无法改变工作和生活的客观条件，但可以改变自己的心态。具有积极心理品质的青年教师会积极主动、认真负责地做好本职工作，维持融洽的人际关系，在工作中体验幸福，收获工作的快乐和成就感，从而坚定自己的职业选择，享受有意义的教育生涯。

4. 促进学生心理健康发展

教师作为教育机制中对学生影响最大的因素和学生成长路上的重要他人，学生的心理健康水平很大程度受教师本身影响，而且这种影响是长期的、多方面的。教师要充分发挥对学生心理健康的保护和促进作用，重要的是以自己积极的心理品质去引导学生，身体力行去感染和带动学生。

学生现在普遍压力大但缺少积极应对方式，孤独感强烈，觉得无人理解自己，关注和解决学生的心理问题已成为学校教育中的一项重要内容。青年教师以年轻的优势易获得学生的信任，他们会以同理心对待学生，让学生感受到被理解；他们真诚地热爱学生，会让学生感受到教师的爱，并认为这是他人的肯定、集体的重视，由此可获得心理满足并发展出个人的自我价值感，激发出奋发上进的力量。同时，学生通过和教师建立温暖关系，对人际关系持积极态度，这种稳定的、积极的情绪引发学生积极情感，有助于学生发展积极向上的乐观性格和心理健康。

二、如何养成积极心理品质

研究发现，积极心理品质在青年教师教育教学工作中的作用主要体现在认知、情绪情感、意志行为三个层面，培养积极心理品质，也可以从这些方面进行。

1. 树立积极的自我认知

"认识你自己"本是希腊德尔斐神庙门楣上的箴言，苏格拉底将其作为自己哲学原则的宣言。在人与自我、人与他人、人与世界的互动里，底色和根本因素便是人对自我的认知。人对自我的认知分为积极自我认知和消极自我认知。拥有积极自我认知的教师，将会拥有积极思维，能积极主动、自信乐观、充满希望地拥抱世界，面临挫折不后退，勇敢向前，拥有内源性的驱动力；而拥有消极自我认知的教师则会表现出消极退缩、被动畏惧，缺少内源性的驱动力。可以说，积极的自我认知成就积极自我；消极的自我认知导致消极自我。教育是人与人交往的纽带上开出的果实，教师工作充满新奇、压力和变数，教师积极的自我认知特质能吸引并增强其与学生的交往。要培养积极的自我认知，可以在日常工作和生活中，做以下练习。

识别消极的、不合理的自我认知。教育教学是极具挑战性的工作，或许有的青年教师切身体验了工作的挑战之后，会产生一些否定消极的自我信念，此时首先要识别这些信念是否合理。心理学家提出不合理信念的三个特征：绝对化要求

（通常与"必须""应该"等字眼联系在一起）、过分概括化（面对失败的结果认为自己"一无是处"或"毫无价值"）、糟糕至极（认为失败的后果非常可怕、糟糕等）。这些都是不合理信念，需要觉察并识别出来。

挑战并驳斥消极的自我认知。当陷入消极否定的自我认知时，可以试着使用更好的方式对它们发起挑战、进行辩论：我一直是这样的吗？什么时候我不是这样的？我能推翻这个认知吗？我做什么可以推翻它？坚持使用科学的方式向自己不合理的观念进行质疑、挑战，直到开始放弃它们。

寻找并肯定自己的独特价值。每个人都有自己的独特价值，每个教师也都有自己不可取代的独特价值。充满竞争的外部环境容易让人产生自我怀疑和不自信，因此教师要有笃定的自我价值信念，有意识地把自己的独特价值找出来，并时常肯定和强化自己的独特价值及优势。

借助积极的"自我实现预言"。"自我实现预言"理论认为，人们对自身的心理预言，会转变成生活中的现实。教师如果合理运用积极的"自我实现预言"，用积极的内心预言鼓励自己，当积极信念化为现实，教师的自我积极信念便得到了强化。

识别出消极的自我认知，驳斥它，同时善于发现自我的价值和优势，积极的自我认知会慢慢地取代消极的自我认知，并不断被强化。

2. 增加积极情绪和情感

如果怀着愉快的心情谈起悲伤的事情，悲伤就会慢慢烟消云散，用积极的情绪对待消极的事情，便可以战胜消极情绪。积极情绪作为积极心理学的重要研究内容之一，是一种积极的心理态度或状态，是个体对自身、他人或事物的积极、正向、稳定的心理倾向。积极情绪能敞开我们的心灵和头脑，使我们善于接受和更富有创造性；积极情绪让我们感觉良好，不仅改变思维的内容，将坏想法改成好想法，还会改变思维的广度或边界。青年教师可以尝试以下具体方法以增加自己的积极情绪。

寻找积极的意义。积极情绪的产生，在于积极的思维，思维反映了我们是如何解释所经历的事情，从中能找到怎样的意义。因此，要在日常的工作和生活情境中有意识地去找到积极的意义。

表达感激，感受善意。用语言或行动向他人表达感激，会同时提高双方的积极情绪，并巩固彼此的关系。善意和积极情绪相辅相成。实验证明，有意识地增加善意举动，可以提升积极情绪；拥有感恩之心的人更能避免让自己沉浸于悲观的情绪中，因而具有良好的自我感觉，对未来也充满乐观与希望。把注意力放在生活中的"小确幸"、用一种开放不评价的方式表达对他人的感激、记录感恩日记等都是比较好的感恩练习和表达。

享受自然的美好。在好天气里，在户外花了 20 分钟以上的人，表现出预料中的积极情绪的增长。当你沉浸在大自然中时，大自然的魅力不由自主地会吸引你的注意，大自然的广阔会让你的注意力不断扩展和丰富，具有更广阔和开放的思维。

3. 记录积极的生命体验、运用积极心理品质

记录并反思积极的教学和生活体验，并内化为积极的心理体验，给自己提供心理给养，也能加强自身的积极心理品质。反思性实践有利于教师形成自己的思想，形成自己独特的教学理念和风格。记录并反思积极的教学或生活体验就是反思性实践，它能使教师重新体验这些积极的经历，并提升这些经历的精神作用，有助于养成教师的积极心理品质。

日常运用积极心理品质，能够加强这些品质，并让它们给教师的职业和个人生活带来实质性的改变。这意味着教师首先要发现自己的积极心理品质，并在日常生活中使用它们来改善自己的生活或加强人际关系。教师可通过克利夫顿优势识别器和 VIA 优势量表等，发现个人优势品质，识别出自己的 10 个优势品质。可以先选择 1 个优势，练习使用，每天 5 次，连续 5 天，试着利用这一优势 25次，就会强化优势，进而养成每天使用这一优势的习惯。如果想养成某个特定的积极的心理品质，如乐观、坚毅、感恩等，同样的策略也适用。

高挑战性的教师职业特点、教书育人的责任使命，要求青年教师必须具备积极的心理品质。教师的积极心理品质是教师胜任教育教学工作的先决条件，也是学生核心素养发展的基础，与学生的积极心理品质发展休戚相关。

三、案例

小 W 性格外向，自幼成绩优异。2 年前，本着对教师职业的向往如愿成为一名高中数学教师。工作之后，小 W 满腔热情地扑到工作中：做班主任、承担两个班的教学，积极主动向师傅请教学习，认真备课、总结、课后反思，每天和班里一位同学谈心沟通。

刚开始的一年，小 W 对自己很满意，每天都觉得充实有活力。可一年之后，小 W 慢慢有了疲倦感，尤其是深夜回到教师宿舍发现不做班主任的同事已进入梦乡、周末朋友约着打球自己却没有时间时，心里有些不平衡；有挫败感，觉得已经在很用心地研究教学和抓成绩，但学生成绩表现得并不太理想；有些迷茫，自己的用心却给有些学生带来了压力，家长居然委婉地提醒自己要注意跟孩子说的每一句话，因为孩子敏感，容易想得多且消极。小 W 陷入困惑，同时意识到必须重新梳理和思考自己的职业和生活。

首先，小 W 向师傅及其他年长的教师倾诉自己的困惑，并恳请他们给予自己指导。大家非常欣赏小 W 的态度，真诚地肯定了他的努力和用心，也提供了有益的建议。小 W 既倾诉了烦恼，又从大家的反应里确定了积极的自我认知；既肯定了自己的努力，又客观地认识到自己需要调整和改变的地方很多，他对未来的工作和生活仍是充满希望的。

其次，多方面、多途径了解学生的心理。一年的工作经验让小 W 深刻意识到无论带班还是教学，遵循学生的心理特点和尊重学生的需求非常重要，他一方面和学校心理教师交流，另一方面也阅读一些发展心理学的书籍，在与学生的谈心过程中，开始以开放、接纳的态度倾听学生，以同理心去理解学生。慢慢地，小 W 发现学生们更信任自己，更愿意跟自己分享了。

最后，平衡好工作和生活间的关系。小 W 意识到之前太着急或者对工作太"急功近利"了，导致只有工作失去了生活，没有很好地劳逸结合，这样非但工作效率不高，反而产生了消极负面情绪。其实，老师的状态和情绪会直接影响学生，尤其是那些敏感、易被暗示的学生。所以，小 W 规划了自己的工作和生活，周末会和朋友相约打场球或者安排别的活动，小 W 的情绪也随之更积极。

虽然小 W 以后还会出现别的问题或困难，但经过这次的调整和改变，他已经初步培养了积极的心理品质，会用积极乐观的心理品质去战胜困难，用同理心去解读学生的问题，用感恩、仁慈、爱去对待一切。

问题 31 如何向师傅和其他老教师学习？

"向师傅学习"是青年教师提升专业技能与素养的不二法门，是获得专业性、系统性、针对性、及时性指导的最有效途径。

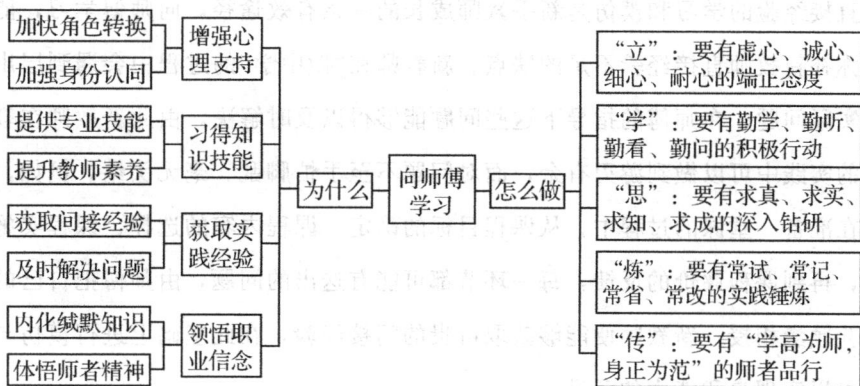

一、为什么要向师傅学习

1. 心理支持：完成角色转换与身份认同

新教师在专业成长中，面临的第一道挑战常常是教师的角色转换与认同。首先，新教师刚刚走出大学校园，褪去学生身份初次踏上讲台，如何快速完成教师角色的转换，需要师傅的引领和示范。其次，新教师的学习不是从师傅手中接过知识，而是在参与共同体的活动中生成知识，这也是一个身份认同的过程。此外，新教师初到一个陌生的环境，需要尽快融入学校的文化氛围，建立良好的人际关系，而师傅不仅是新教师教育教学的引路人，也是其情感上的支撑与纽带，这能够大大缩短新教师探索与适应的周期，增进其对学校环境与文化的认同感。

2. 知识技能：系统提升专业技能与素养

向师傅学习，能够促进新教师专业化、个性化、系统化的成长。一方面，师傅与新教师的一对一结对，可以在深入交流中了解新教师的基本情况和实际需要，从而针对性地"补短板""强优势"。另一方面，师傅所指导的内容能够紧密联系实际，这大大缩短了新教师熟悉教育教学过程的周期。不论是学科知识体系、教学技能经验，还是课堂组织与把控、德育启迪与疏导，新教师都能够获得师傅系统性、连贯性的指导，这有利于他们快速提升自身的专业技能与素养。

3. 实践经验：及时解决实践中迭出的问题

直接经验的学习和模仿是新手教师成长的一条有效途径，向师傅学习，能够有效弥补新教师直接经验不足的缺点。新教师在"做中学"的过程中会遇到层出不穷的实际问题，在师傅的指导下这些问题能够得以及时解决，由此新教师在教育教学的实践中可以做到游刃有余，面对问题不至手忙脚乱、毫无头绪。例如，新教师在准备一堂课的过程中，从课程目标的确定、课程内容的选择、课程实施的过程，再到课程评价的反馈，每一环节都可能有迭出的问题，由师傅把自己的直接经验倾囊相授，新教师便能够获取可贵的间接经验，在此基础上进行模仿与改进，可以实现自我能力的跃升。

4. 职业信念：领悟内化缄默知识

波兰尼认为"一切的认识和实践都建立在无法还原的缄默的因素上"，向师傅学习，能够促进新教师对缄默知识的领悟与学习，进而树立起新教师的教育理念与职业信念。在教育与教学中，师傅所展现出来的知识与技能、经验与智慧、职业信念与育人情怀，大多属于缄默知识的经验，这种无声的经验很难用语言来表述和传递，新教师只有在师傅的一次次的言传身教中，不断体悟、领会与反思，才能内化成自己的教育方法与理念。例如，师傅的一次对学生的批评教育、一回对工作的忘我奉献、一句对学困生的鼓励赞扬……这些工作点滴都会作为隐性经验感染着新教师，触动着他们也成为这样润德启智、敬业爱生的优秀教师。

二、如何向师傅学习

1. "立"：要有虚心、诚心、细心、耐心的端正态度

学莫便乎近其人，每位师傅都是一座宝库，蕴藏着渊博的学识和丰厚的经

验，虚心、诚心、细心、耐心的端正态度是新教师向师傅学习的基础。

"虚心"可以帮助新教师看到师傅的学识和经验，以及其在教学中蕴藏的巨大能量和价值，摸索到宝库的大门，完成从理论到实践的心理转换。"诚心"是新教师开启宝库大门最好的钥匙，所谓精诚所至，金石为开，唯有一片赤诚才能打动师傅，让师傅倾囊相授。而开启宝库大门仅仅是开始，"细心"能够让新教师不错过宝库中的任何一个角落，是最大化学习师傅学识和经验的不二法宝。最后，新教师要想真正将师傅所授的学识经验化为己用，就必须要靠扎扎实实的"耐心"，脚踏实地，不断努力，直至完全掌握，融会贯通。

2."学"：要有勤学、勤听、勤看、勤问的积极行动

维果茨基说，要学会如何游泳，你必须一头扎进水里，哪怕你还不知道如何游泳。的确，只有真正参与的学习才算真正的学习，因而要有勤学、勤听、勤看、勤问的积极行动。

首先在听课前，新教师要做到"勤学"，学习并熟悉课程体系、知识结构，并有自己对于本课的初步构想和教学设计，带着问题去听师傅的课。其次在听课中，要"勤听"师傅的组织教学、课程设计、语言规范等方面，"勤看"师傅对学生主体的关注、课堂互动和引导。最后在听课后，要"勤问"师傅各环节设置的缘由、重难点如何落实等方面，不明白的地方要及时跟师傅请教，再根据听课笔记梳理完善自己的教案。"操千曲而后晓声，观千剑而后识器。"在师傅的耐心帮助下，唯有付出勤恳踏实、坚持不懈的积极行动，才能够增进自身本领，真正站稳讲台。

3."思"：要有求真、求实、求知、求成的深入钻研

"学而不思则罔"，学贵在"思"。新教师如果没有对所学加以深入钻研，那只能得到一个虚浮的空架子。求真、求实、求知、求成是深入思考与钻研的最好抓手。

首先，"求真"和"求实"是新教师深入钻研的基础，教无定法，贵在得法，师傅的教学模式可能只适合他所面对的学生群体和实际情况，"求真"能够帮助新教师辨伪去妄，"求实"能够帮助新教师筛出贴合自身实际的最有效经验。其次，

"求知"是新教师深入钻研的动力源，帕克在《教学勇气》中说："我们教授的学科是像生命一样广泛和复杂的……我们教授的学生远比生命更广泛和复杂。"面对广泛而复杂的学生，"求知"能鞭策新教师持续学习，不断精进钻研。最后，"求成"是深入钻研的目标，时刻提醒新教师不忘初心，力行至美向善的教育。

4."炼"：要有常试、常记、常省、常改的实践锤炼

"实践是检验真理的唯一标准"，新教师在历经"立""学""思"后，必然要回归到常试、常记、常省、常改的实践锤炼。

"常试"是新教师深入钻研的最佳方式，只有把自身的想法落实在平日的教学中，所学所思才会得到实践的充分验证。而"常记"是"常试"的过程追踪器，通过记录各处细节，可以验证并改进自身的教学设计。"常省"是"常试"的价值放大器，没有持续不断的省思，就没有了"常试"的意义，因此要注重课程反思和效果评价，加强下一次的教学实践。"常改"也不可或缺，通过"常改"，新教师的锤炼才有了闭环，有了真正可以落到实处的收获。经过这一系列的锤炼，新教师才能真正将理论运用于实践，从纸上谈兵走向脚踏实地。

5."传"：要有"学高为师，身正为范"的师者品行

"精于术，明于道。""立""学""思""炼"这四点侧重于"术"的层面，着力于技能和经验的掌握。而"传"则侧重于"道"的层面，是以上四点的升华，是其在精神层面的统领，聚焦于"学高为师，身正为范"的师者品行。

"高山仰止，景行行止。"师傅躬身垂范的精神品质，是最值得仰望、学习和传承的，或是爱生如子的园丁精神、不计得失的奉献精神，或是勇挑重担的实干精神、事不避难的拼搏精神，或是广博深沉的大爱情怀、修身立德的大德风范……向师傅学习的过程，也是对其师者品行的耳濡目染，这会感染着新教师处处向善，敦品励学，铭记传承，时刻怀有一颗热忱的师者仁心。

三、案例分享

一堂公开课背后的四次锤炼

入职的第二个学期，我完成了第一次区级公开课，内心紧张又雀跃，也夹杂

着感慨与难忘。回想起这一堂课背后的准备历程，是师傅对我的一次针对性、系统性、连贯性的倾囊相授，也是一次我向师傅的全方位、多角度、螺旋式的学习跃升。

第一学期末，我的师傅建议我做一节区级示范课，作为从未讲过公开课的新教师，乍一听到这个任务，我连连摇头、望而却步。师傅却一直笑着鼓励我："没事，我相信你，放手去准备，我给你把关。"自信和不畏难是师傅教给我的第一课。一整个寒假，迷茫和焦虑一直伴随着我，但每当遇到问题时，我会先梳理自己的想法，条分缕析地勤问师傅，师傅便会有针对性地指点迷津，在良性的沟通中，我的课程设计也初步完成。

一转眼，到了开学后的第一次试讲，我按照课程设计一步步完成，可学生的反应却不尽如人意，常常接不住问题，也不知从何回应。我百思不得其解，课后带着自己的教学反思向师傅请教，师傅一针见血地指出了问题："知识结构是没问题的，但学生的认知层次是有差异的，必须要做好铺垫和前测，根据学情再调整课堂任务的设置。"我接受了师傅的建议，回去后设计了几道前测问题，在学生作答后，我梳理了学生已掌握的知识、模糊的知识和新知识，并把之前填写表格的课堂任务，改成了三个由浅入深的问题，给学生搭建了思考的脚手架。

第二次试讲后，学生的课程参与度、活跃度果然提升了很多，课堂上的问题都能有回应和讨论，我颇为满意，以致没做课后评价与反思。师傅看出了我的得意，单刀直入地指出我的问题："学生的回答都是碎片化的，作为教师你需要梳理成体系化的知识，要不学生一节课下来很容易啥也没学到。"我红着脸，似懂非懂地点点头，师傅捕捉到了我的畏难情绪，马上给我抛出来一个例子："你让学生赏析热烈奔放的句子，学生说了很多，重点是你得帮学生总结，如从修辞、表达方式等多个角度，要是换其他文本学生也要能有方法，这是与考纲紧密联系的。"课后我把这堂课的知识点一一与课标和考点对应，提炼出规范的方法指导，之后让师傅帮忙把关，这个过程不只是改进一堂课，更是在完善自己的知识体系。

第三次试讲，师傅建议我给组内老师们讲一次，我逐一记下老师们的改进建议，晚上再重新模拟演练课堂上各环节的过渡衔接，以及各种可能突发的情况，这一次锤炼让我明白了如何真正做到"以学生为主体"，怎样根据学生的反应来调整课堂的节奏，而不被教案和课件框住。

第四次试讲后，师傅带着我反复观看课堂录像，一遍遍完善各处细节。从每一句课堂语言如何更规范，到每一处语气如何更有亲和力，再到教姿教态、板书位置等，都给予我事无巨细的指导。师傅指导后我需要反复练习、熟稔于心，只有充分把握细节，才能有底气上好这节示范课。

经过这四次试讲中"试""记""省""改"的循环锤炼，我学到了要关注学情、关注考情、关注学生、关注细节。虽然公开课的呈现也有遗憾，但这次经历带给我的启迪和师傅不吝赐教的身影，将永远鼓励着我成为一名精进努力、贴近学生、乐业奉献的优秀教师。